集人文社科之思　刊专业学术之声

集 刊 名：媒介文化研究

Media Culture Research

学术委员会

顾 问：周 宪　陶东风　何道宽

主 任：陈 龙

副主编：隋 岩　张涛甫　蒋原伦

委 员：张晓锋　王晓华　田秋生　李春雷　曾一果

　　　　张爱凤　陈 霖　冯应谦　肖小穗　林玉凤

编委会

主 　 编：陈 龙

执 行 主 编：李春雷　曾一果

编辑部主任：李春雷（兼）

编辑部成员：陈 龙　李春雷　曾一果　张爱凤　徐晖明

　　　　　　曾丽红　徐 来　张梦晗　李 镓

媒介文化研究〔2019年 第一辑〕

集刊序列号：PIJ-2018-274

中国集刊网：www.jikan.com.cn

集刊投约稿平台：www.iedol.cn

媒介文化研究

Media Culture Research

陈 龙 主编

李春雷 曾一果 执行主编

2019年 第一辑

社会科学文献出版社
SOCIAL SCIENCES ACADEMIC PRESS (CHINA)

卷首语

———————————————————————————————陈　龙*

　　近 20 年，媒介技术突飞猛进地发展，带来了媒介文化的新样式，这些新的文化样式无一例外都可以被看作媒介文化的外延形态。然而，从印刷媒介的发明到广播电视的出现，再到网络媒介的流行，媒介文化与媒介的迭代更新几乎是同步的。在过去一百几十年的历史长河里，媒介变革呈现一个加速度的发展态势，提速发生在 20 世纪 50 年代，伯明翰学派的文化研究学者敏锐地捕捉到一种社会变迁的动力源：青年文化。青年成为文化发展的主体，而此时也正是大众传媒在西方进入快速发展的时期。这是一次文化裂变，大众媒介的崛起与青年文化不期而遇、不谋而合。进入 21 世纪，媒介文化伴随着社会发展和媒介技术的变革，又产生了一次裂变，内容与现实都迥异于前一次，因此，其研究方法和研究路径都不能简单沿用以前的。首先，肇始于 20 世纪末的中国现代性方案蓝图尚未得到有效实施，中国的媒介文化就一头扎进市场实用理性的大潮中，审美现代性在当下的发展近乎终止。因而直接套用 20 世纪的理论与方法，无异于刻舟求剑。其次，媒介技术变革带来了媒介文化的新样式，诚如麦克卢汉所言，"媒介即信息"，新媒介本身就是一种文化，与 20 世纪 50 年代工人阶级文化崛起时的媒介文化不同，此次媒介变革的因素带来的变化印记更强烈一些。媒介技术变革所带来的文化、时代文化主体的要求以及这个时代社会文化的生成，这三股力量之间形成了一个彼此博弈的过程，毫无疑问，新的媒介文化形态正是恩格斯所说的"历史结果"，"最终的结果总是从许多单个的意志的相互冲突中产生出来的"，是"合力"作用的结果，而这个结果是不以人的意志为转移的。① 它包含了多样性的成分，新的话语体系、新的内容形式，必然对媒介文化研究提出了新的要求。

　　面对新媒体时代的挑战，媒介文化研究需要范式转型和超越。这是因为随着社会、政治和经济的全球化以及信息传播系统的持续发展，人们越来越容易运用新媒体进行彼此间的交流。传统的媒介文化生产正从正式的"点－面"传播，转变为"点－点"传播，"传－受"关系变化后，

＊　陈龙，苏州大学传媒学院院长、二级教授、博士生导师，中国高校影视学会媒介文化专业委员会主任。

① 恩格斯：《致约·布洛赫的信》，《马克思恩格斯选集》（第 2 版）第 4 卷，人民出版社，1995，第 695～698 页。

媒介文化的生产方式也在发生变化，大众传媒主导型的媒介文化历史正在被改写。传统文化研究和传播学研究的范式，已不能有效阐释当下文化的复杂性。以新媒体及其传播系统为信息方式的媒介文化已经成为人们日常文化生活的重要组成部分，这不仅因为在经验层面社交媒体的使用侵占了人们太多的闲暇与私人空间，并生产和复制出大量的信息内容，还因为媒介文化代表了一种文化趋势，改变着我们的生活状态，形塑着我们的生活方式。

应当说，从"生存方式"的角度来界定媒介文化是比较贴近媒介文化本质的。历史进入 21 世纪以后，作为"信息方式"的媒介带动了作为生存方式的媒介文化发展，这一趋势可以看得越来越清晰。从一般的意义上看，"物质性的生存方式与精神性的生存方式"是文化的泛含义，任何性质和形态的文化，都可以视为特定的"物质性的生存方式与精神性的生存方式"。从表面看，媒介文化的内涵与一般文化并没有明显的区别，被强调的特质是时间意义上的"现代性"。因此，重新审视当今的媒介文化，需要这样几个视角。

首先，当下的媒介文化是动态的，即不能简单沿用传统的文化定义来加以描述，尤其是随着新技术的不断涌现，新的文化样态也层出不穷，琳琅满目的新型文化样态因为技术的普及而具有了合理性。它既不是器物性的，也很少是观念性的，能观察的部分是流行性和时尚性。我们不能简单以某一种价值标准来衡量这种文化样态的高低。中国社会的高速发展，使得有些文化缺乏价值和内涵沉淀。在变动不居的时代和信息技术大潮中，所谓媒介文化就是信息技术与时尚潮流结合而生成的一种当下流行的生活方式的呈现，并不代表某种区域文化或整体固定的文化。从整个社会历史长河来看，它或许就是历史长河中阶段性的浪花。社会学家齐格蒙特·鲍曼的"液态现代性"（liquid modernity）理论近来为很多学者所应用。鲍曼认为，"流动"（fluidity）的"液态"（liquid）是当代社会的重要特质，他指出，当代社会处于成员行动快速变迁的状态，这使其惯习（habitus）与常规（routine）都来不及形塑，这种生活液态性（liquidity of life）即是现代社会的特质，无法维持固定的形状与样态，也无法永恒。从这一理论视角来观察媒介文化就会发现，当下的媒介文化所体现的正是"液态性"和"流动性"。新媒体时代的社会生活更重视"短期""瞬间"效果，所谓"时间即金钱""速度即权力"① 在当下成为社会重要特征。作为生活方式的媒介文化也体现了"短期""瞬间"的特征，难以形成固定的、具有稳定性的文化。

其次，当下的媒介文化是现代化进程中的表征。中国在经历了 40 年的改革开放后，物质形态的现代化已经进入一个新的阶段。伴随着现代化进程，社会现代性、文化现代性也进入了一个新的阶段。于是，从这个角度看，在这个阶段，无论是网络语言、"网红"现象还是二次元文

---

① 华婉伶、臧国仁：《液态新闻：新一代记者与当前媒介境况——Zygmunt Bauman "液态现代性为理论基础"》，《传播研究与实践》2011 年第 1 期。

化，都是一定社会现实的折射和反映。例如"佛系青年"，就不是一个孤立的个案，从共时性角度看，我们可以关注到与该词相关的还有"废柴""葛优躺""丧文化"等，对这些词语背后的社会文化心态加以分析就可以看出其中的某些颓废、消极色彩，其中尤以"丧文化"最为典型。"丧文化"是一种带有颓废、绝望、悲观等情绪和色彩的文化，主要呈现形式是语言或图画，它是网络亚文化的一种新形式。以"废柴""葛优躺"等为代表的"丧文化"的产生和流行，是网络亚文化在新媒体时代的一个缩影，反映出当前青年的消极的精神状态和集体焦虑。从本质上看，它是新时期青年社会心态的一种现代性表征。"佛系青年""丧文化"等文化来源于生活中的"挫败感"，社会整体的现代化进程带来了社会竞争的加剧，自然也就容易产生学习挫败感和职场挫败感。诸如此类，其实都是社会整体运作过程中的工具理性的产物，当前媒介文化的种种表现也可以看作社会整体运作过程中的工具理性的副产品。

再次，当下的媒介文化也是"加速社会"的"异化"表征。按照德国社会学家哈特穆特·罗萨（Hartmut Rosa）的观点，现代社会已经进入了"加速社会"，社会变革的加速，体现在价值观念、社会建制以及人际关系上，罗萨以马克思主义的术语称之为"异化"。[①] 在这里，生活节奏的加快，必然在文化层面有所反映，适应信息技术和时尚要求的新媒介文化必然体现"加速社会"的诸种特点，在"加速社会"中，工具理性就是一个重要特征。在当下的媒介文化生产中，工具理性最为突出地表现为实用理性。很显然，实用理性盛行，已经成为阻碍社会进步的公害。与教育中以成绩为目标的升学模式、职场中以金钱为目标的考核模式一样，媒介文化生产中也渗入了大量的实用理性，票房、流量、点击率等作为衡量文化生产的标准，本质上都是背离价值理性的。对阶段性目标的孜孜不倦地追求成为社会的共识，甚至不问手段，只问结果，这导致了文化发展方向的迷失，截断了其与历史文化的连续性，中断了目标的方向性。实用理性在全社会盛行，渐渐发展成为一元化话语，从而压抑着多元化的文化需求和文化生产。自由主义文化诉求是现代性文化的主要组成部分，它所具有的反对控制、反对压迫的文化特征，在本质上是允许和鼓励多样性的文化价值存在的。

最后，媒介文化是当代消费社会体系中的有机组成部分。在消费社会，媒介文化被纳入消费文化的范畴是很自然的事情。媒介文化是消费社会的一种特殊商品，因而也具有商品属性。对于用消费文化来概括消费社会的文化语境的意义，英国学者迈克·费瑟斯通（Mike Featherstone）在《消费文化与后现代主义》一书中解释说："使用'消费文化'这个词是为了强调，商品世界及其结构化原则对理解当前社会来说具有核心地位。这里有双层含义：就经济的文化维度而言，

① Hartmut Rosa, William E. Scheuerman, *High-speed Society: Social Acceleration, Power and Modernity* (The Pennsylvania State University Press, 2009).

符号化过程与物质产品的使用，体现的不仅是实用价值，而且还扮演着'沟通者'的角色；在文化产品的经济方面，文化产品与商品的供给、需求、资本积累、竞争及垄断市场等原则一起，运作于生活方式领域之中。"① 媒介文化既有"沟通者"属性，又有商品属性，它不同于历史上出现的任何一种文化样态。作为消费文化的媒介文化，不仅要求研究者关注研究内容的变化，更需要研究者的研究思维和研究立场进行全新的转变。它要求研究者关注商品世界中的结构化原则与符号化使用在媒介文化的生产和消费中的作用。

在消费社会中，媒介文化的生产和消费还是社会的一张"晴雨表"。在20世纪30年代美国经济大萧条时期，歌舞类的电影行情很好，不仅给观众带来欢乐和希望，还让秀兰·邓波儿成为家喻户晓的明星，这已成为一种社会文化的典型案例。在美国，每当在经济不景气时，口红的销量反而会直线上升。这是因为，在美国，人们认为口红是一种比较廉价的奢侈品，在经济不景气的情况下，人们仍然会有强烈的消费欲望，所以会转而购买比较廉价的奢侈品，这就是"口红效应"。当下各种网络爽文、各种"手游"作为新型的媒介文化满足了有限资源条件下人们对自我目标实现的期望：在现实生活中难以成真的愿望，不妨在网络文化产品中寻找寄托。用户从这类媒介文化中获得快感，促进了多巴胺的分泌，可以暂时获得一种精神释放。

在经济不景气的时候，消费者的生活压力会增加，沉重的生活总是需要轻松的东西来让自己放松一下，所以电影等娱乐市场消费，作为廉价消费方式总是显得红红火火。在一定程度上，这或许能解释近两年中国电影票房无论是单片还是总量能够屡创新高的原因：经济下行周期一方面导致人们消费信心不足，另一方面又释放了很多劳动力和闲暇时间，二者相辅相成，花几十块钱的小钱来消遣一下闲暇时间，可以忘掉烦恼和忧愁。同理，不花一分钱，刷刷"抖音""快手"打发一下时光有何不可？买个"爱奇艺"会员观看《延禧攻略》不也挺好？很快人们就可以发现，"抖音""快手"的接受行为与"淘宝"购物行为本质上是相通的——获得精神愉悦。尤其当《我不是药神》、《西虹市首富》和《延禧攻略》等成为"爆款"影视片后，更具有现实解释意义。除了一般的社会原因外，一个非常重要的原因就是底层群体面对经济下行周期，需要释放压力。底层群体针砭时弊的激愤、上升无望的沮丧情绪消失在"帅哥遇佳人""一夜暴富"的意淫中，生活与工作的不如意则在"升级打怪"的游戏中和对网络爽文的追文模式下被消解了……这一消费社会的常见现象上升到国家和民族命运角度来认识就是文化"奶头乐"的危害。

在媒介文化研究范式的转型过程中，需要警惕的现象是，随着网络文化产业的推行，诸如网络IP产品、网络UGC的大规模发展，特别是流量导向的网络文化生产，把年轻网民的趣味作为"最大公约数"和"最小公倍数"来经营，寻求利益的最大化，这样，媒介文化研究就容易滋生

---

① 〔英〕迈克·费瑟斯通：《消费文化与后现代主义》，刘精明译，译林出版社，2000。

某种文化民粹主义的倾向。吉姆·麦克盖根探究了深潜于文化研究之中的民粹主义情感和冲动及其后现代主义的变体，并进行了同情的批判，揭示了这种完全消费主义的分析潮流，并表明它是一种难以令人满意的研究方法。他认为"文化民粹主义是由一些通俗文化专业学人所做的知识分子式的界定，认为普通老百姓的符号式经验与活动比大写的'文化'更富有政治内涵，更费思量"。① 这个定义其实暗含了平民是文化生产和消费中所有权利合法性的根源。文化民粹主义是一种具有极端平民化特征的媒介文化研究取向，即极端地强调平民的价值和理想，想把平民化和大众化作为所有文化活动合法性的最终和唯一的来源，对普通大众在文化活动中出现的某种非理性的、情绪性的共识不加辨别地盲目顺从。这种媒介文化研究取向对文化发展没有裨益，长此以往风险极高。

皮埃尔·布尔迪厄在《自由交流》一书中对丧失了自主性的知识分子深表忧虑，他认为"这些人只保留了知识分子的外部表象，看得见的表象"，他们轻易放弃了批判精神，"这种精神的基础在于对世俗的要求与诱惑表现出独立性，在于尊重文艺本身的价值，而这些人既无批判意识也无专业才能和道德信念，却在现时的一切问题上表态，因此几乎总是与现存秩序合拍"。② 新媒体技术在促进文化集中化的同时，又不可避免地造成了零散化和碎片化。一边扩大公共领域的疆界和范围，将越来越多的人卷入其中，一边又以单向传播、信息源的垄断以及程序化等形式，暗中萎缩和削弱潜在的批判空间。

批判空间在当下的萎缩，是一个带有普遍意义的社会问题，而在媒介文化研究领域，这一问题尤为突出。放弃文化批判，就是对文化价值的弃守。本出版物的创办缘起于 2017 年的金秋十月，那一年中国高校影视学会在苏州举办，媒介文化专业委员会也在那次会议上成立了，一群对当代媒介文化理论与现象研究感兴趣的同道齐聚苏州南林饭店，围绕着各种媒介文化现象展开了热烈讨论。在讨论中，大家都觉得需要有一本带有同仁性质的学术出版物，汇集媒介文化研究学者们的思想，共同探讨日新月异的种种媒介现象，同时，我们还想让这本书成为对新媒介文化现象比较熟悉的年轻学子的思想交流的平台。于是，在学会副会长广州大学新闻学院李春雷副院长、秘书长曾一果教授、副秘书长张爱凤教授等人的鼎力支持下，《媒介文化研究》就诞生了。

我们编写《媒介文化研究》，旨在让学界同仁共同关注媒介文化的发展，关注当下的媒介现实及其深远的社会影响。希冀在引导文化发展上做出一些有益的尝试。当下如火如荼的媒介技术变革正引发中国社会深层次的社会转型。媒介文化研究方兴未艾，学界同仁任重而道远！

---

① 〔英〕吉姆·麦克盖根：《文化民粹主义》，桂万先译，南京大学出版社，2001，第 4 页。
② 〔法〕皮埃尔·布尔迪厄、〔美〕汉斯·哈克：《自由交流》，桂裕芳译，生活·读书·新知三联书店，1996，第 51 页。

目 录

城市文化专题

Contents

Film and television culture criticism

Cultural research frontier perspective

Media and popular culture

Topics on urban culture

影视文化批评

中国电影批评的三个关注维度

摘　要： 面对当下电影批评过程中纷繁杂芜的现实境况，如何归整、重塑批评的话语理论体系、建构专业的批评范式，成为推动电影创作与审美实践的必然要求。因此，我们不仅需要探究提升中国电影品质的可行性路径，做到理论与实践的结合、创作与批评的相承，还应当注重电影批评的独立性，祛除商业因素的魅惑。我们要确立以影像为本体的专业批评，聚焦电影文本的专业性阐释。这三个维度烛照到电影发展的社会层面、经济层面与本体层面，在建构中国电影学派的进程中，体现着理论建设的历史使命。

关键词： 电影批评　电影品质　独立性　专业性　关注维度

2017 年的中国电影批评就如 2017 年的中国电影市场一样一路高歌猛进，一路风光璀璨，其中既有深刻睿智的精品力作，也有尖锐犀利的直言评说。在众声喧哗中勇于对电影艺术创作、对电影产业发展提出富有见地的反思与批评；对于电影艺术本体特质、电影艺术发展规律、电影艺术批评标准等问题进行深入的探讨；在坚持理论与实践相结合的学术传统的同时，注重加强电影批评作为一种理论方法在电影学科体系建设中的地位和作用，以上均是本年度电影批评非常值得关注的学术焦点。概括地说，2017 年中国电影批评在探究提升中国电影品质的可行性路径，坚守电影批评的独立精神、祛除商业因素的魅惑，确立以影像为本体的专业批评范式这三个方面尤其引人注目。

一　探究提升中国电影品质的可行性路径

电影批评直接面对的分析对象是电影，然而电影既是艺术作品，也是文化工业产品。这样，

* 贾磊磊，中国艺术研究院原副院长、研究员，北京电影学院未来影像高精尖创新中心中国电影学派研究部部长、特聘研究员。

电影批评便面临双重的审视维度。毋庸置疑，从文化产业的视域看，2017 年的中国电影创作取得了骄人的成绩：一部《战狼 2》获得了 56.83 亿元的电影票房，至今仍保持着中国电影的单片票房纪录。以《战狼 2》为代表的动作片、以《羞羞的铁拳》为代表的喜剧片和以《建军大业》为代表的主旋律影片都可称为中国电影成功的典范之作。从艺术美学的视域上看，小众化的艺术片、纪录片也彰显新的艺术魅力，《冈仁波齐》《二十二》都获得业界与观众的普遍认同，彰显出个性化的电影风范。尽管如此，我们的电影批评仍然需要透过电影市场的繁华表象，洞悉中国电影在市场、创作、传播、推广等方面存在的种种问题，使批评真正成为一种勇于提出问题、分析问题、破解问题的学术利器。例如，有专家认为，电影对现实生活的本质表现不够深入，电影文化传播的价值取向不准确，电影市场的运作仍不规范。《从市场的黄金时代走向创作的黄金时代——2016 年国产电影创作备忘》中指出，"电影质量的提高是中国电影可持续发展的核心因素"[1]。2017 年被称为"创作质量促进年"，如何从根本上提高电影质量，仍然需要深入研究一系列具体问题，判定应对策略。在《解构与重生：国产电影创作的核心困境与艺术反思》中，作者提出"缺乏对本土文化的深耕与扩展，这也是造成国内优质电影可持续输出能力薄弱的重要原因"[2]。另一些学者则在寻求传统文化根基的同时，进一步提出"我们可以通过对自身电影传统的反刍来借力，以获得现代史诗类型叙事的再生资源"[3]，也就是说，通过对已有电影类型的重新发掘组合来实现"具有中国气派的史诗电影"[4]。论者虽是就现代史诗类电影展开讨论，其实也是在为整体中国电影创作寻求新路径。《电影创意：观念还是故事？——兼谈国产电影创意层面的多重缺失》则是针对中国电影创意层面的现象，提出从创意到故事再到影片需要注意题材选择、媒介转换、戏剧性的问题，同时特别强调电影创意评估机制的重要性，认为"在意识形态、艺术价值、商业价值层面的结合上建构一个电影创意的评估机制，是建构一个良性发展的电影工业体制的必要前提"[5]。可以说，2017 年的电影批评试图从电影观念、电影创作、市场运行等不同角度全面阐释提升中国电影品质的可能。

电影批评与电影创作之间的关系问题历来是电影批评的关注焦点。具有针对性的批评可以提升创作的艺术质量，丰富的艺术创作又能够激发深刻的批评。正如有学者指出的，"电影批评（评论）应发挥应有的理论实效性，在引导矫正创作方向、针砭创作问题、厘清创作思路、总结

---

① 尹鸿、梁君健：《从市场的黄金时代走向创作的黄金时代——2016 年国产电影创作备忘》，《当代电影》2017 年第 3 期。

② 司长强、朱俊河：《解构与重生：国产电影创作的核心困境与艺术反思》，《现代传播（中国传媒大学学报）》2017 年第 12 期。

③ 于忠民：《中国史诗类型电影创作现状批评——以产业化改革为界标》，《当代电影》2017 年第 2 期。

④ 于忠民：《中国史诗类型电影创作现状批评——以产业化改革为界标》，《当代电影》2017 年第 2 期。

⑤ 陈晓云：《电影创意：观念还是故事？——兼谈国产电影创意层面的多重缺失》，《电影新作》2017 年第 2 期。

创作得失等方面，彰显'批评精神'；在提升审美、引领风尚等方面，发挥不可替代的社会文化作用"①。然而，现实中，"由于缺乏有针对性的批评和对应性诗学的引导又影响了我们的创作质量，从而形成了恶性循环"②。的确，虽然，2017 年的电影批评不断地在反思中国电影的创作问题，但是，电影批评本身是否也是中国电影的问题之一？换句话说，电影的困局是否也与批评的乏力有关呢？

从电影批评学术发展的角度来讲，其自身的逻辑范式和美学规制有待进一步加强，当下电影批评从思维方法上来讲应该达到美学与历史学、哲学与逻辑学的相互统一。特别是关于年度性的电影总体风貌应该是学理的而不是随意的、严肃的而不是轻率的、深刻的而不是浅表的。虽然，每一种批评的声音都有某种自身的合理性，但是就当下电影批评呈现出的解说式的、谈话式的、随感式的特点过于明显这些现象，我们必须明确，这类电影批评不足以支撑一个疾速发展时期的电影现实需要，当然，也很难真正解决我们所希望解决的中国电影的创作问题。

二　坚守电影批评的独立精神、祛除商业因素的魅惑

独立精神一直是电影批评界自身关注的话题。2017 年的中国电影批评面对更深刻、更广泛的新媒体影响以及更强的商业诱惑，如何保持独立性与祛魅性亟待深入反思。在历年出版的《中国电影批评年鉴》中，对此话题已有探讨。《中国电影批评年鉴 2015》中就提出"对于学术自律的尊奉，对于艺术精神的坚守，对于正确价值导向的把握，更是整个中国电影批评要恪守的职业操守"③。《中国电影批评年鉴 2016》中再次提出"绝不可以将批评作为电影商业推广机器，电影批评必须要有坚守的底线和立场"④。可见，电影批评的独立性与祛魅性是我们需要不断面对与解决的重要话题。

反思新媒体时代电影批评的转变，重新审视电影批评的文化坚守、价值引导与美学追求，构成了 2017 年度电影批评的重要内容。有学者提出，新媒体"大大开拓了网络文艺批评的媒体生长空间，引发了文艺批评范式与方法等多重变化，出现了诸多不同于传统文艺批评的新质因素，也直接影响着评论传播效应，这一切在影视评论中表现尤为突出"⑤。面对电影批评的多重新变，《审美文化的建设：网络时代的电影批评思考》一文建设性地指出"从一定意义上说，传统电影

① 钟欣：《提高创作质量　讲好中国故事——2016 年电影编剧与电影创作调研报告》，《当代电影》2017 年第 6 期。
② 于忠民：《中国史诗类型电影创作现状批评——以产业化改革为界标》，《当代电影》2017 年第 2 期。
③ 贾磊磊：《共与影像论沧桑——中国电影批评：2015》，《四川戏剧》2016 年第 12 期。
④ 贾磊磊、毛珺琳：《中国电影批评的多元取向——2016 年中国电影批评的发展趋向》，《创作与评论》2017 年第 20 期。
⑤ 戴清：《媒介融合对影视评论的多重影响》，《中国文艺评论》2017 年第 10 期。

批评自身是否接地气和泛众的电影论说是否有文化含量，是左右电影批评改变的双向因素"①，电影批评必须是"适应时代而能超越时代，针对现实而能指点现实，给予电影切中艺术审美的分析，是电影批评的任务"②。显然，尽管新媒体为电影批评提供了广阔的空间，但电影批评唯有坚守其自身恰切的独立性才能够符合批评的本质要义。正如有学者言，"文艺批评因其敏锐犀利、建设性自立已日益赢得独立的话语空间，也成为学术思想史的有机组成部分"③ 而只有如此，电影批评也才能真正成为电影学术思想史的有机组成部分。

资本对于电影生产的深度介入使得电影批评深陷商业因素的魅惑。随着电影工业的发展，电影的商业属性早已为人们接受，即是商品就要获取商业利益。但是，当下中国电影市场发展并不规范，电影的商业利益被扭曲式地扩大，票房成为最主要的追求目标，"一些有能力的影评人也很快在这里找到了营生，他们和资本成为利益共同体，成为商业利益驱动下的文字掮客"④。不论是传统专业影评还是网络大众化影评都在面临着商业利益的强大驱使，甚至吸引众人的争论性电影话题都可能是资本运作的结果。法兰克福学派代表阿多诺早就批判了工业社会文化产品的商品性、消费性，而电影便是典型的工业社会的文化产品，那么，与电影有关的批评是否能够摆脱其商品性与消费性？《做大海中最后的礁石——论网络时代中国电影批评的重构》指出电影批评被商业因素魅惑的问题，又说明解决这一问题的路径是要"保持着对资本的警惕"⑤，警醒"商业化对电影本身的伤害"⑥，坚持专业精神与专业信仰是批评者最基本的职业道德。《电影网络批评的想象力——以 2016 中国电影网络批评为例》一文针对网络电影批评也特别指出，"作为促进电影产业发展的工具，电影网络批评不应该再如此娱乐下去，利益至上，而是应该拿出应有的责任和担当去改变我们现存的电影生态环境"⑦。总之，电影批评在保证批评话语多样化的前提下，应当自觉运用主流刊物、专业电影网站、电视、网络视频等多种媒介手段，引导大众的批评选择，独立表达中国的文化价值观。

科学的批评方法是保证电影批评独立价值的有效手段。新媒体大数据带来电影批评方法的显

---

① 周星：《审美文化的建设：网络时代的电影批评思考》，《美育学刊》2017 年第 6 期。
② 周星：《审美文化的建设：网络时代的电影批评思考》，《美育学刊》2017 年第 6 期。
③ 司长强、朱俊河：《解构与重生：国产电影创作的核心困境与艺术反思》，《现代传播（中国传媒大学学报）》2017 年第 12 期。
④ 王芳：《做大海中最后的礁石——论网络时代中国电影批评的重构》，《南京艺术学院学报（音乐与表演）》2017 年第 2 期。
⑤ 王芳：《做大海中最后的礁石——论网络时代中国电影批评的重构》，《南京艺术学院学报（音乐与表演）》2017 年第 2 期。
⑥ 王芳：《做大海中最后的礁石——论网络时代中国电影批评的重构》，《南京艺术学院学报（音乐与表演）》2017 年第 2 期。
⑦ 张阳：《电影网络批评的想象力——以 2016 中国电影网络批评为例》，《北京电影学院学报》2017 年第 2 期。

著变化。无处不在的大数据冲击着传统文学的、电影的、文化的批评方法。学者们承认数据的科学性与客观性，但是也提出数据取代情感，客观代替个性的问题。"'数据矩阵'在提供给我们一个精准的电影'数据形象'的同时，……也把拥有温度的影评变成了冷冰冰的数据分析？"[1]如果，电影批评只强调数据分析，将各种数据分析软件统计的数字奉为圭臬，显然是不可取的。今天，无论是在艺术学领域还是在社会科学领域，专业学者都强调量化分析的方法要与质化分析相结合才能得出揭示规律解释现象的有效结论。数据的精准分析值得肯定，但要与传统的文化分析相结合才更有意义。电影是一种审美精神活动，电影批评也是将审美活动外化的过程。大数据就是帮助电影批评者将这种审美外化的过程合理描述的工具。因此，结合数据分析与文化分析的电影批评是更科学的批评方法，也是电影批评能够保持独立性与有效性的合理路径。

三 确立以影像为本体的专业批评范式

我们欣喜地看到，在电影批评中不乏有建树的专业的批评力作出现。它们以电影本体批评为基础，以扎实的影片细读与透彻的文本分析为切入点，以建设中国电影批评话语体系为旨归，显示出中国电影批评的学术风范。

对电影文本的专业性阐释是电影批评的根本，也是衡量批评者艺术感悟力与文本解读能力的标准。以电影叙事、结构、镜头、场面调度等视听语言为核心，多维度的影像文本细读是中国电影批评应该倡导并大力推介的批评范本。之所以如此强调影像文本细读，是因为其是真正介入电影创作，驱动当下电影事业发展的学术基础。如《暗恋的桃花源：〈健忘村〉的政治讽喻》一文对影片反乌托邦的叙事模式做了详细的文本分析，"这部影片的问题与其说是在它的叙事本身，不如说是在它所依托的反乌托邦的叙事模式，包括它诉诸观众共鸣的过分僵化和陈旧的情感结构。对于先行设定的政治讽喻的依赖，势必会造成故事层面和影像层面的空乏无物"[2]。文章从电影叙事本体寻找影片问题所在，同时从一部影片的叙事分析上升到一类影片的叙事模式探讨，即从意识形态批评角度对《健忘村》影片进行文本细读，以此解答电影引起分歧的根本原因。再如《〈八月〉：情感因果式、90 年代氛围与"释父"情怀》，全文都采用文本细读的方法，论证金马奖影片《八月》的三大特点，即情感因果性主导的叙事语法；80 后个体经验浸润下的 90年代中国想象；"释父"情怀。文中既有对影片叙事的全面评价，又有对影片情节结构、镜头段落等多种影像元素的专业性阐释。比如，作者在文中写道："影片《八月》中镜头间、场景间和

---

① 尹鸿、梁君健：《从市场的黄金时代走向创作的黄金时代——2016 年国产电影创作备忘》，《当代电影》2017 年第 3期。
② 孙柏：《暗恋的桃花源：〈健忘村〉的政治讽喻》，《电影艺术》2017 年第 2 期。

段落间的选择、组合和连缀，不是以某种显见的'设计'为观众所知，而是以人物情感逻辑呈现"①，这样有见地的文本分析在此文中随处可见，这当然也最值得我们参考与借鉴。同时，本年度的电影学译著也不乏关注电影文本批评的著述，例如论文集《电影的透明性》和美国学者彼得·F. 帕沙尔的著作《电影中的复合叙事》都为电影的文本分析提供了深刻的阐释和新的视角。

电影批评具有鲜明的学术观点是批评家与读者不言自明的共识，没有观点的批评只能是自说自话，独到的、恰切的理论观点是电影批评的魅力所在。倡导独到的学术观点正是突破当下电影批评解说式、谈话式、随感式特点的有效路径。本雅明曾言，"一个伟大的批评家能使别人在理解其批评分析的基础上形成自己的观点"②。在《导演类型化创作中的"元素融合战略"与"连续性营造"——评〈记忆大师〉》中，作者提出，"面对这样的评判，笔者是不赞同的。从类型电影发展进程来看，各种类型片都历经了初起阶段和经典阶段……笔者认为本片在类型化选择和类型元素搭配方面不存在任何问题，导演的选择和做法是无可厚非的"③。文中这样的理性判断颇为引人注意。该文虽是传统的电影类型批评，但在文本细读的基础上做出的大胆判断值得充分肯定。这些判断不是无关痛痒的、似是而非的，而是一针见血地指出影片的优点和缺点，"笔者认为这样的'创作性忽略'有些费力不讨好，倒不如用剧情驱动代替台词驱动来诠释"④。我们确信只有这样明确观点的影视批评才能指向创作实践推动创作发展，实现批评的使命与作用。

那么，如何建构批评的专业范式？这是电影批评界必然要面对的问题。我们认为明确的问题意识是解决问题的逻辑起点。问题意识是各个学科理论研究与实践判断反复重申的问题，也是最重要的问题。一方面，问题意识是学理性起点即由问题引发理论研究，理论研究忠于问题解决。另一方面，问题来自创作与批评实践。就电影批评而言，电影创作的实践问题是电影批评的逻辑起点，更是观点形成的起点，围绕问题的电影批评才可能提出明确的观点。如《〈羞羞的铁拳〉：商业的胜利与艺术的失落》，开篇即提出"在它商业胜利的背后，也暴露出我们的喜剧电影的诸多问题"⑤。围绕喜剧电影的问题，文章进一步说明小品化叙事与虚无主义的观点。当然，电影批评摆脱功利、商业等各种因素的诱惑，保持"自在性"⑥ 也是其建构批评话语体系的根本保

---

① 齐伟：《〈八月〉：情感因果式、90 年代氛围与"释父"情怀》，《电影新作》2017 年第 3 期。

② 转引自〔英〕特里·伊格尔顿、马修·博蒙特：《批评家的任务》，王杰、贾洁译，北京大学出版社，2014，第 2 页。

③ 作者不赞同的观点是指："今日观众对电影'类型'的概念早已没有陌生感，依据不同认知观念，人们对类型的辨别方式也不尽相同，于是不少人指出本片'不伦不类'，'元素繁杂'，以及'要说的太多'。"参见王少白《导演类型化创作中的"元素融合战略"与"连续性营造"——评〈记忆大师〉》，《北京电影学院学报》2017 年第 4 期。

④ 王少白：《导演类型化创作中的"元素融合战略"与"连续性营造"——评〈记忆大师〉》，《北京电影学院学报》2017 年第 4 期。

⑤ 饶曙光、贾学妮：《〈羞羞的铁拳〉：商业的胜利与艺术的失落》，《当代电影》2017 年第 11 期。

⑥ 李建强：《论电影批评的自在性与对象性》，《东岳论丛》2017 年第 12 期。

证。不论是对影像文本的解读，还是对叙事情节的分析，2017年电影批评自身指向的仍然是建构中国电影批评话语的体系之路。如果说中国电影可以作为中国的文化表征，那么中国电影批评更应该作为中国电影的学术表征。中国电影批评应该具有学术性、引导性、前瞻性，更应该具有崇高的人文性、历史性与科学性。尤其是在建构中国电影学派的进程中，中国电影批评更应当肩负起其自身理论建构的历史责任。

毋庸置疑，中国当代的电影批评随着整个社会文化语境的变迁也产生了明显的变化。这种变化的另一种表述是：中国原本就并不健全的电影学术规范在浮躁的社会风气中必然受到冲击。如果说传统的艺术理论曾经还是一个令人仰慕和崇敬的文化殿堂的话，新兴媒体的商业取向使电影批评领域几乎成了一个不需要任何门票便可以自由出入的集贸市场。在诸多媒体随意的吹捧与无端的指责不绝于耳的大环境下，许多所谓的电影评论其实不过是"照搬"了制作单位提供的宣传材料。电影批评的学术尊严在电影商业化的运作体制中本身就容易受到公众的质疑，不负责任的批评言论更使电影评论的"公信度"难以确立。现在，电影艺术的价值判断时常被趣味判断所取代："我不喜欢这部电影"，正成为"这是一部坏电影的代名词"。电影批评的泛化带来的是一系列学术规则的废弃和学术尊严的失落。加上媒体对影片商业化的恶性炒作更使严肃的电影批评在喧嚣的市场氛围中格外孤立。在这种情况下，坚持电影艺术理论自身的自律性，坚持电影艺术批评的专业化取向，坚持对电影本体的美学建构，应当成为中国当代电影艺术理论研究者共同恪守的职业道德。

Three dimensions of concern for Chinese film criticism

Jia Leilei

Abstract：In the face of the complicated reality in the process of film criticism, how to reorganize the discourse theory system of criticism and construct a professional criticism paradigm has become an inevitable requirement to promote film creation and aesthetic practice. Therefore, we not only need to explore the feasible way to improve the quality of Chinese film, to achieve the combination of theory and practice, between creation and criticism, but also to pay attention to the independence of film criticism and remove the charm of commercial factors. Also establish the professional criticism of image as the ontology, focusing on the professional interpretation of the film text. These three dimensions illuminate the social level, the economic level and the ontological level of the film development. In the process of constructing Chinese film school, it embodies the historical mission of theoretical construction.

Key words：Film criticism, Film quality, Independence, Professionalism, Attention dimension

从"比较视野"看如何讲好中国故事

饶曙光*

摘　要：如果说近年来中国电影学界有什么"现象级"的话题值得关注，那无疑是"中国电影学派"引起的广泛讨论，以及围绕着改革开放四十年展开的一系列电影主题活动，而这些思考显然都离不开习近平总书记在全国宣传思想工作会议上指出的"讲好中国故事"的议题。为此，以比较视野，在现实主义观照下，从对电影故事的讨论到对电影节的讨论，从在纵向上审视新时期以来的中国电影叙事，到在横向上对比中国和世界电影的叙事，无疑将帮助我们在重读电影故事的过程中建构起以讲好中国故事为主导的中国电影学派。

关键词：比较视野　中国电影学派　中国故事　现实主义创作　中国国家电影节

对于电影来说，第一是故事，第二是故事，第三还是故事——这个道理虽然并不深奥，但真的是看上去容易，说起来容易，做到尤其是做好却不那么容易。事实上，故事，尤其是好故事，对于电影的极端重要性无论怎样强调都不过分，而观众对于故事、好故事的渴求和渴望则更是永无止境的，甚至可以说是永恒的、与生俱来的。搞电影的人，无论是创作还是研究评论，任何时候、任何情况下都不能忘记或者违背这个简单朴实的道理和规律。《北非谍影》《教父》《唐人街》等之所以被称为伟大的电影、伟大的电影剧本，就在于他们老老实实地遵循电影讲故事的基本规律、原则和方法，尤其是尊重以电影的方式讲好电影故事的法则。也即内容王道、故事原则和类型规则从来就是电影的根本和基础，违背不得，否则，就会出现"基础不牢、地动山摇"的局面。

近些年，"工匠精神"一度成为电影业界最热门的话题，究其原因，大概是电影业界一度太过缺乏这种"工匠精神"，离"制作精良"有太大的距离。不过，制作精良的前提和基础仍然是思想精深、艺术精湛，也就是内容王道、故事原则和类型规则。毫无疑问，随着高科技的迅猛发展和创新速度不断加快，电影制作层面对于现代化的电影越来越重要。中国电影的当务之急在某

---

* 饶曙光，中国电影家协会秘书长，上海大学、北京大学等兼职教授，研究员（二级教授），博士生导师。

种程度上确实是需要完善电影工业体系，提升电影工业水平，尤其是特效制作的方法和水平，但是，离开了内容王道、故事原则和类型规则，单纯的特性制作也就有可能仅仅是"水中月镜中花"，因为失去基础和前提而失去效益和效果。

2018 年至今，三部重量级的影片《我不是药神》《邪不压正》《阿修罗》都已经亮相，从接受层面来看，虽然票房的走势受到了各种各样的外在因素影响，但无论如何，三部电影都脱离不了内容王道、故事原则和类型规则的基本逻辑。

其实早在 2013 年，习总书记就在全国宣传思想工作会议上指出了"四个讲清楚"，强调要"讲清楚每个国家和民族的历史传统、文化积淀、基本国情不同，其发展道路必然有着自己的特色；讲清楚中华文化积淀着中华民族最深沉的精神追求，是中华民族生生不息、发展壮大的丰厚滋养；讲清楚中华优秀传统文化是中华民族的突出优势，是我们最深厚的文化软实力；讲清楚中国特色社会主义植根于中华文化沃土、反映中国人民意愿，适应中国和时代发展进步要求，有着深厚历史渊源和广泛现实基础。"这显然对中国文艺的当前发展提出了在讲故事层面的新要求。值此，在中国电影"走出去"的大背景下，以"比较视野"来审视如何讲好中国故事问题，对中国电影发展来说显得刻不容缓。

一 中国电影学派与讲好中国故事

如果说2018 年的中国电影学界有什么"现象级"的话题值得关注，那无疑是"中国电影学派"引起的广泛讨论，以及围绕着改革开放四十年展开的一系列电影主题活动。

2017 年 10 月 31 日下午，北京电影学院举行了隆重的未来影像高精尖创新中心"中国电影学派研究部"成立研讨会。研究部汇聚和整合了海内外中国电影的创作与研究力量，从电影艺术创作经验总结、电影理论话语体系创新、电影工业生产转型升级等方面发起对"中国电影学派"的研究和建设。此后，在 2018 年，"中国电影学派"更是成为各个重要电影学术会议的最主要关键词。同时，由于2018 年是改革开放四十周年，因此，2018 年迄今为止的电影节庆活动，无论是展映活动还是主题论坛，始终都无法离开"改革开放四十年与中国电影"这一话题。在这里，无论是"中国电影学派"，还是"改革开放四十年与中国电影"，其目的与途径，无疑都是要从中国电影发生（尤其是新时期）以来的经典佳作中，找出"讲好中国故事"的基因与方式。

二 改革开放四十年与中国电影学派

表面上看，"中国电影学派"的提出似乎是"突如其来"，但笔者一直认为，"中国电影学派"在实质上有一个积累、积淀和演变发展的过程。

二十世纪末，黄会林先生就在 1999 年的《光明日报》上发表文章，提出要推进影视艺术的中国学派建设；2013 年前后，笔者在多个学术会议上倡导发挥电影的理论批评对电影创作的积极作用，积极推进中国电影学派建设，并且最终写成了文章《构建电影理论批评的中国学派》……再往前推，在中国电影发展的历史上，有郑正秋、蔡楚生、费穆、石挥、郑君里、夏衍、陈荒煤、钟惦棐、罗艺军等，他们均在自己特殊的历史语境下产生过对"中国电影学派"类似问题的思考，而所有这些，都需要我们花更大的力气、以更多的智慧去细致地梳理并进行深度的研究和阐释。更重要的是，构建中国电影学派不仅仅要面向过去，面向现实，更要面向未来，面向世界以及进行更加开放包容的创造性转化。

事实上，通过中国电影的历史发展我们可以看到，只有丰富的实践，才会催生出高度的理论自觉；反过来，有了较高的理论自觉，又能指导出更高水平的实践，也即，在电影的实践和理论层面，二者之间从来就是一种良性互动的关系。因此，对中国电影学派的构建，自然离不开对以往电影实践的深度解读。

2018 年是改革开放四十周年，迄今为止的电影节庆活动似乎都无法离开改革开放四十年与中国电影这一话题：四月份的大学生电影节，按照一年选择一部影片的规则评选出了四十部影片；刚刚结束的上海国际电影节，电影频道也是按照一年一部影片的原则选择出了四十部影片进行集中性展映。事实上，电影史上的任何一次评选活动都会受到质疑，但质疑本身永远不是目的，而是通过质疑进一步拓宽思路和办法，进而寻找更多的智慧和力量，不断接近"真理的渐近线"。从电影史的角度来说，我们需要更多地阅读和寻找更多的资料、史料，尤其是第一手的资料、史料，能够有效细致地回到、逼近、还原电影故事的历史现场，感受更多的电影故事本身所具有的丰富性、复杂性、矛盾性，以及"合力"产生的电影故事本身的价值和魅力，进而从历史的经验和教训中寻求进一步讲好中国故事的力量和智慧。

三　中国故事的现实情境

当前些年《北京遇上西雅图》《左耳》《山河故人》等如此这般佳作涌现出来的时候，我们期待着更多关注当代人心灵归宿的作品的出现，期待着在这些作品当中能够看到现实的人道精神与人格价值观。

这些年，我们没有迎来自己在现实主义主题上所取得的巨大成就，却看到引进的一些外国影片中，如此主题的频频出现。显然，这样的价值观思考与传播已经成为当今世界各国电影的主流，这让我们更加意识到中国电影与世界优秀电影之间的差距绝不仅仅在制作水平和投资上。这里试举三部中小投资的外国电影《血战钢锯岭》《一条狗的使命》和《模仿游戏》来作分析。

《血战钢锯岭》我们看到的是反战和讴歌人性，这当然不错。有意思的是，所谓反战和讴歌人性在很多西方影片中早已屡见不鲜。《血战钢锯岭》的深刻在于一个普通的、貌似有缺陷的人，却以"虽千万人吾往矣"的坚执来申明自己对于战争的态度和坚决不拿枪杀人的立场。因此，"这一个"即在反战与人性的层面上令我们动容：它张扬的是个体对于信仰的坚守。影片找到的是一个鲜有电影家会想到的角度，是一个有着坚定的价值观者才可能找得到的角度。

《一条狗的使命》采用的是中国传统观念里所普遍接受的轮回叙事，片中的那条狗居然在我们所目睹的故事中轮回了五次生命，尽管每一次都令人印象深刻，但没料到的是，这条狗的命运真的变成了"使命"，只有在这个时候我们才对影片的名字恍然大悟。

没有直奔爱情主题，影片绕了一个大弯，让这条转世五回的狗帮助主人公完成了半个世纪的爱情等待。的确，这是一部爱情片，但把传播爱情的使命放在了转世五次才得以完成"不可能的任务"的狗身上，不能不说是创作的奇思妙想，因此它还是一部奇情片。而这样的奇思妙想是因为创作者坚信爱的力量。这也正是让人无法掩饰内心激动的力量。

我们再来看看《模仿游戏》这部英国电影。一部宣传不足的影片，几乎到了下线的时候，人们才知道这是关于计算机鼻祖图灵的传记片。影片还原了第二次世界大战期间，数学天才图灵几乎凭一己之智研发出了破解法西斯德国军事密码的故事。图灵挽救了很多人的生命，但其一生因为与社会的龃龉而诸多坎坷，最后他咬下了毒苹果的一角，郁郁而终。

这三部影片在国内评价很少，相较于对"印度神片"的社会关注，人们对于这三部影片的深度不愿意花更多时间深入思考。其实，没有对个体生命与全人类价值相连的深刻认知，影片的价值是无法被广泛认同的。

在中国的电影里，很多独辟蹊径的影片往往在现实主义价值观的深刻性门槛前止步了。这里也可以举两个例子：《芳华》与《相亲相爱》。《芳华》对于年代悲剧下的人性作了直面揭露，没有遮掩，这是影片打动人的地方。最后男女主人公相依在长凳上无奈接受一生的归宿，让我想起苏联导演梁赞诺夫的经典作品《两个人的车站》。

在《两个人的车站》结尾，也是两位主人公无奈的爱情际遇，而且是在茫茫雪野中。不同的是，《两个人的车站》刻画的是追求的勇敢，影片在人道主义的悲欢当中让主人公最后还拉起了手风琴，顿时让人百感交集，为命运感动，为明天的希望感动，从而更加深刻地批判了现实的不合理。

但《芳华》是单向度而同时失去厚度的，它并没有让人激起复杂的信念——不要以为讲到信念就不深刻，相反，没有对于人生与宿命的洞彻，所谓苦难是没有价值的。

我们再来看看《相亲相爱》。影片讲的是一个女儿（张艾嘉饰）在母亲死后，千方百计要把多年前已经葬在农村老家的父亲遗骨挖出来，拉回城里与母亲埋在一起。她完全不顾父亲年轻时原配的感受，想方设法找到了父母的结婚证书。凭这份法律文件，她彻底埋葬了那位常年住在家乡为父亲守墓的老婆婆心里的念想，也直接摧毁了这位得不到"法律保护"的老婆婆的全部自尊。

这是 2018 年中国很重要的一部艺术片，但是这个"艺术"一点都没有建立在人性的善良上。难道受到法律保护和不受法律保护就是人应该得到尊重与否的依据吗？那句"人人生而平等"的信念又是什么？显然，这是一部负能量满满的电影。而很长一段时间，中国电影当中的负能量气息很重。可以说，前些年好不容易由诸如《北京遇上西雅图》《左耳》《山河故人》《从我的全世界路过》《失恋 33 天》《大鱼的故事》《唐山大地震》等影片开创的价值观追求又被如今的一阵阵戾气掩盖了。

这就是中国电影在价值观方面与世界优秀影片的差距，简括言之，世界优秀电影的深刻在于现实的深刻悲剧和主观的坚定理想是相反相成的，因而价值观的观念视野比较开阔，而当我们陷入悲观失望中的时候，就不会提起理想主义；世界优秀电影会从很独特的、没有重复的人物和故事当中寻找艺术感染力，但中国电影已经很多年没有感动人的人物和故事了；世界优秀电影看重的是能否给我们一个正能量的价值观，它也许是审美的，也许是哲学的，也许是宗教的，也许是关于未来的（譬如《头号玩家》），而我们的影片比较多的是无病呻吟和关注自我。

今天，越来越多的中国人加入到了导演的行列，他们的生活体验与学习积累都很少，完全没有做好精神上准备讲什么的计划，更谈不上深入地透析这个现实的世界和现实中的人性。对他们而言，必须首先知道，中国电影与世界电影的现实差距不仅存在于科技层面，而且包括对现实思想和人物的理解与关怀。

四 现实主义观照下的中国故事

众所周知，加入 WTO 以后，中国电影在面临前所未有的发展机遇的同时，更面临着前所未有的挑战。加入 WTO，对于别的行业是机遇大于挑战，但对于电影来说则是挑战大于机遇。因此，面对好莱坞大片可能对中国电影产生的毁灭性冲击，中国电影人几乎是集体选择了"以大片拯救中国电影工业"的思路。应当说，这种商业大片策略是有成效的。正是以《英雄》为代表的一批商业大片，帮助中国电影业走出徘徊十多年的"低谷"，激活了国内电影市场，唤醒了中国观众对电影的热情，把大批观众拉回到了电影院，也极大地提升了中国电影工业的水平。

然而，不容否认的是，有些商业大片陷入了单纯的、片面的追求视听奇观的泥潭，沉迷于悬乎的动作、玄妙的特技和炫目的场景，在某种意义上甚至回到了电影发明初期的"杂耍时代"。

同时，在资本推动下，商业大片严重挤压了包括现实主义电影在内的其他电影的生存空间，致使现实主义电影一度成为"不可见的电影"。可以说，现实主义电影的"缺席"是中国电影发展的一个不和谐、不健康的因素。可喜的是，在电影界主管领导和电影人的共同努力下，近年来现实主义电影创作出现了复苏的态势，产生了《天狗》《我们俩》《租妻》《泥鳅也是鱼》《望山》《留守孩子》《图雅的婚事》等一大批现实主义的优秀作品。同样，一些以现实生活中的英模人物为原型而创作的《真水无香》《生死托付》《情暖万家》《燃情岁月》《大道如天》《殷雪梅》《村支书郑九万》等影片，也充满着深切的人文关怀，洋溢着现实主义精神。其中，《天狗》作为"当代中国电影在现实主义题材上具有标杆意义的作品"，作为现实主义电影一个"陌生化的出现"，可与20世纪80年代的现实主义力作《人生》《野山》《老井》相媲美，其创作经验和成就值得我们认真总结。

党的十六届六中全会提出的《中共中央关于构建社会主义和谐社会若干重大问题的决定》，将构建"社会主义和谐社会"放到同经济建设、政治建设、文化建设并列的突出位置。"构建和谐社会、建设和谐文化"的提出，从某种意义上可以说，正是因为社会上确确实实存在着很多不和谐的因素，存在着一定的矛盾和冲突。面对这样的矛盾和冲突，电影创作，尤其是主旋律现实主义电影创作，不应当视而不见，不应当缺位，而应该以电影艺术家敏锐的嗅觉和目光去发现并加以审美表现，从而引起警觉和惊醒，并最终"化解"现实中的矛盾与不和谐。不敢或不愿直面矛盾，就无法准确反映和表现我们所处的时代——我们所处时代的复杂多样的生活和各色各样、丰富多彩的人物，当然也无助于构建和谐社会，建设和谐文化。正如黑格尔所说：只有庸人才幻想从历史发展中抹杀掉矛盾冲突。电影创作回避矛盾和冲突、人为突出"和谐"是浅薄的。《天狗》的成功，就不仅仅在于生动地塑造了天狗的英雄形象，更在于对国民性的深入挖掘和对国民劣根性的批判。影片中的泮源村无疑是部分中国农村地区的缩影，他们生活贫困，而围绕着村庄的青山以及青山上的树木便成了他们改善生活的希望。对于他们来说，靠山吃山绝对是天经地义的。随着天狗将村民们送来的礼物一一退还之后，村民们靠山吃山的希望破灭了，于是天狗成为村民们的"人民公敌"。村民们几乎是集体性地选择"短期利益"而不是"道德"。这与其说是受了孔家三兄弟的驱使，不如说是人性的自私使他们丧失了一切的道德标准，其人性的堕落和精神的麻木令人毛骨悚然，不寒而栗。影片的思想深度和思想力量正在于此。如果说《老井》等影片传达的是中国农民"与天斗""与地斗"的顽强精神，那么《天狗》则触及了国民劣根性和人性的自私。因此，《天狗》不仅仅是对良心的拷问，道德的拷问，更是对人性的拷问。总之，影片能震撼人的心灵的地方，不仅仅在于歌颂了天狗的忠于职守、永不妥协的英雄精神，更在于对国民劣根性和人性自私的剖析和无情批判。

在电影产业化的大背景下，现实主义电影创作要实现其自身良性的、健康的和可持续的发展，就必须要实现其自身的现代化转换。其中，有两个方面是重中之重。从思想层面，现实主义电影要建构和表达一种具有现代意识和开放态度的人道主义精神，关注普通人、小人物的生存境遇并加以真切地描写，给予他们更真诚、更深厚的人文关怀。现实主义现代化转换就是深度的人道主义，现代的人道主义。现实主义是一种创作方法，一种人道主义，也是一种情感态度。拒绝对处于弱势状态的普通人、小人物的生存境遇和困境的真诚关怀，就从根本上违背了电影的大众性，更违背了电影的人民性。现实主义电影必然要向处于弱势群体的普通人、小人物倾斜，这是现实主义、人道主义的本质和必然要求，是现实主义电影的母题，是从中国20世纪30年代左翼电影开始就建构起来的优良传统，也是现实主义深化及其现代化转化的重要课题。现实主义电影对处于弱势群体的普通人、小人物要有悲天悯人的人道主义和人文情怀，这本来就是艺术家的本性和良心使然。当然，悲天悯人的人文情怀不是廉价的同情，绝不是"居高临下"式的那种所谓知识分子的代民请命，同时，也不能简单地"直奔和谐"——回避社会中时时刻刻都存在着的矛盾与冲突，掩盖普通人、小人物日常生活中所遭遇的现实困境，使电影中的生活成为虚假的"万花筒"。任何回避现实生活中的矛盾，回避普通人、小人物日常生活所遭遇的现实困境，都是违背生活本身的辩证法，最终只能使现实主义电影走向自己的反面。

现实主义电影要实现其现代化转换的另一个题中之义就是要探索现实主义电影与类型化结合的可能性。《天狗》在这方面也做了有益的尝试。影片借鉴了悬疑片的一些叙事手段和方法（如果严格按照好莱坞电影的叙事模式，影片恐怕应该从天狗打死孔家三兄弟的枪战开始）。影片的第一个镜头就是一张血迹斑斑的脸部特写，直接抓住观众的眼球，建构了强烈的悬念。影片将公安老王的调查和天狗留下的日记两条线索相互穿插，在现实时空和过去时空之间来回跳跃，悬念丛生，使得观众始终猜不透故事的走向：天狗到底是什么样的人？他究竟是凶犯还是英雄？孔家三兄弟到底是什么样的人？他们的死是无辜的还是罪有应得？村民们对天狗的态度为什么会发生前后截然不同的变化？所有这些，都因为影片借鉴了悬疑片的叙事模式和技巧而变得扑朔迷离。同时，影片镜头的运用也带有强烈的主观色彩。大量的摇晃和跟拍镜头加剧了场面的紧张感，而特写镜头的大量使用则强化了对人物及其人性的穿透力度，也强化了对观众的震撼力量。凡此种种，环环相扣的悬念，我们只能在影片的结尾得到解答，并有一种恍然大悟的感觉。影片的"光明的尾巴"常常被人诟病，批评者大多认为这大大削弱了现实主义的思想深度和批判力量。殊不知，这种"英雄不死"恰恰是类型电影所需要的，因为让英雄无谓地死掉，不符合观众的欣赏期待，尽管天狗不是好莱坞式的孤胆英雄，而是植根于中国现实土壤上的英雄。影片《望山》也是如此，影片最后在朝霞中毛蛋跟随葛保秀放生小山羊、前去探监，并不是什么"光明的尾巴"，并没有破坏影片整体的风格，也没有将影片引向所谓的"浪漫主义"。

长期以来，现实主义的缺失或者说现实主义精品力作的缺失一直都是阻碍中国电影健康可持续繁荣发展的隐痛、隐忧和隐患，也是我们必须面对的现实问题。众所周知，现实主义题材电影创作面临着多方面的压力和风险，导致不少创作者都明智地选择了智慧的规避，同时也多多少少产生某种"智慧的痛苦"。毕竟，社会、时代、观众乃至历史都需要现实主义；电影不去表现时代的变迁，不去表现处于历史变迁中人们的喜怒哀乐，将会留下不可弥补的遗憾。更重要的是，中国电影的核心竞争力、核心价值就在于与人民群众的血肉联系；失去了这种血肉联系，中国电影将会苍白无力，也将会最终失去市场竞争力。事实上，直面现实问题的批评力量与精神张力，加上现代化的电影叙事、现代化的电影语言，也可以产生"爆款"电影，"现象级"电影。例如 2018 年上映的电影《我不是药神》。笔者比较赞同宁浩对《我不是药神》的评价，即透露着"浪漫主义和英雄主义"的风格与信仰。与此同时，《我不是药神》直面现实生活中大多数人都可能遇到的生活困境、人生困境，戳中了人们的痛点，当然也就激发了人们的泪点。人们笑着进去哭着出来，笑中带泪、泪中带笑，心甘情愿地做了影片情感上的"俘虏"。或许，《我不是药神》不仅昭示了 2018 年国产电影暑期档的强势表现，而且可能会成为中国电影创作的新风尚……

五　中国国际电影节与中国故事

早在 20 世纪 80 年代，罗艺军就在《大众电影》杂志中刊文《中国为什么没有电影节?!》，大声疾呼国际电影节的中国话语。紧接着，白墨在《中国应举办国际电影节》一文中直接呼应罗文，认为中国举办国际电影节势在必行，它一方面可以吸引更多优秀的外来文化来到中国，为中国社会带来包括经济在内的新契机；另一方面，中国电影也应当在立足本土的同时，争取其他国家的欢迎，这需要在中国传统电影节的基础上加大国外影片的放映力度，并增进与国外电影代表团之间的合作。

近年来，我们看到，不仅世界著名电影节上频繁出现中国形象与中国故事，迅速提升了中国电影的国际影响力，中国自己也连续举办了诸如北京国际电影节、上海国际电影节、丝绸之路国际电影节等一系列大规模、高规格的世界电影。这些电影节的开展，在有效提升电影自身艺术定位的同时，也为中国电影的国际传播营造出一个良好的环境，同时，由于大量外国优秀电影的展映交流和如今合作下的先进修复技术的运用，使得我们有更多机会观看到以往难以与中国普通观众见面的影片，这无疑为中国电影大众艺术的发展培育出一个空前利好的氛围，也使我们从中国电影的纵向历史以及与世界电影的横向比较中获取更多"讲好中国故事"的叙事智慧和可能。

（一）中国国际电影节的结构优化

2018 年，第八届北京国际电影节"北京展映"单元正式开票伊始，热门影片《布达佩斯大饭店》《泰坦尼克号》和《重庆森林》就分别在 10 秒、12 秒和 15 秒之内售罄。《中国新闻出版广电报》记者在采访中了解，与往届北京国际电影节不同，2018 年北京国际电影节的最显著变化是，电影节的参与群体已逐渐实现全民化，电影节已不再只是电影人的自娱自乐，许多普通观众已经通过一次或多次电影节的体验，逐步进阶"迷影"群体。当然，"迷影"人数的激增和观影热情的高涨以及观众观影审美的提升与电影节自身的结构优化直接相关，而实际上，这种现象也离不开北京市政府对电影节的大力扶持。作为全国文化中心，北京享有得天独厚的丰富资源，影迷可以在第一时间欣赏到来自世界各地的电影佳作以及各大国际电影节的获奖影片，此外，以中国电影资料馆、艺联院线、百老汇院线和各国大使馆文化中心为首的艺术电影放映平台，也会不间断地策划、举办各类主题展映和电影文化交流活动，这毫无疑问地间接推动了中国国际电影节的可持续发展。

在外国电影首映方面，在即将拉开序幕的上海国际电影节上，除了 2018 年戛纳赢家《小偷家族》在中国的首次亮相外，另外两部戛纳获奖影片《冷战》和《迦百农》也都会相继进行展映，此外，1953 年的《恐惧的代价》、1954 年的《地狱门》、1961 年的《维莉蒂安娜》等几部金棕榈大奖影片也将首次齐聚上海国际电影节。

在经典修复电影展映方面，2011 年，由上海国际电影节主导、积家独家赞助，联手修复经典电影的工作已经着手展开。时任上海国际电影节掌门人的唐丽君高瞻远瞩，意识到电影修复对于上海国际电影节未来各方面的重要意义，在经过数次考量后，于当年 4 月 28 日发布官方消息，宣布上海国际电影节携手积家对经典国产影片进行修复。2012 年 6 月，《一江春水向东流》（中国电影资料馆修复）、《十字街头》和《八千里路云和月》（意大利 Laser Films 公司修复）三部影片亮相上海国际电影节，之后，上海国际电影节又与意大利 Laser Films 公司修复了中国经典电影《丽人行》和《乌鸦与麻雀》，与意大利博洛尼亚电影修复所合作，采用国际上先进的 4K 技术修复完成了谢晋执导的《舞台姐妹》并在电影节上展映。可以说，以往那些无缘与中国普通观众见面的外国影片和行将褪色的中国经典老电影，正是在中国各个国际电影节长期以来有意义的努力下，以及在与世界其他国家电影方面的不断交流合作中，得以让我们一睹风采。

而在中国电影对外传播方面，借助各种国际电影节提供的更多的交流互通机会，中国电影专业者可以从中更加多维、深入地了解受众国家在审美、意识形态和市场层面与我们以往认知中存在的疏离。例如，依托丝绸之路国际电影节对沿线国家电影情况的获悉而出版的《丝绸之路沿线国家电影大数据白皮书》就在对沿线国家的电影情况进行数据挖掘、统计、整理和分析方面率先走出了一步，这无疑有益于中国电影对外传播战略的精准定位与有效开展。

（二）在不同文化中讲好"中国故事"

在第八届北京国际电影节"中国故事"单元，共展映《空山异客》《在码头》《米花之味》《那年八岁》《疲城》《西小河的夏天》等六部中国新锐导演的电影，当这些讲述中国故事的光影与外国佳片交相辉映，尤其是在电影节中愈加重要的对话论坛环节的助推下，通过思想、技术、美学等多方面的相互启发，我们发现了更多"中国故事"讲述的机遇和方法。

习近平总书记在2013年全国宣传思想工作会议上指出了"四个讲清楚"，强调要"讲清楚每个国家和民族的历史传统、文化积淀、基本国情不同，其发展道路必然有着自己的特色；讲清楚中华文化积淀着中华民族最深沉的精神追求，是中华民族生生不息、发展壮大的丰厚滋养；讲清楚中华优秀传统文化是中华民族的突出优势，是我们最深厚的文化软实力；讲清楚中国特色社会主义植根于中华文化沃土、反映中国人民意愿，适应中国和时代发展进步要求，有着深厚历史渊源和广泛现实基础。"

然而，通过对比中外优秀电影我们发现，无论"中国故事"体现了多么明显的特殊性，但"理智""情感""欲望""自由""幸福""善""责任"等这些反复出现在中国电影中的叙事主题也反复地出现在我们对国外电影的理解当中，这无疑带给我们一种思考：如何将中国故事的特殊性与外部受众的普遍心理诉求结合起来，并产生共振、引发共鸣。此外，这些共通的情感叙事因子应当作为我们进行电影创新叙事生产和创造性资源转换的能量供给，也应该成为我们如今所说的"中国电影对外传播战略"的理论支点并为我们提供更多的话语阐释空间。

在肯尼斯·博克看来，角色、道具、表演、场景、目的构成了一部戏剧的五要素，那么就电影而言，在不同的文化背景下，积极寻找出有效的电影叙事手段以降低不同国家间的传播文化折扣显得尤为必要。在此方面，中国近年来与不同国家间展开的电影合作起到了强有力的助推作用。

21世纪以来，俄罗斯、爱沙尼亚、罗马尼亚、捷克、斯洛伐克、匈牙利、保加利亚、阿尔巴尼亚等中东欧国家多次举办中国电影周，多部反映中国传统文化和中国人现代生活的影片得到展映。与此同时，中国与中东欧的合拍也有新发展。近几年，中国和俄罗斯合拍影片有《红樱桃》《战火中的芭蕾》《狂吻俄罗斯》《长在俄罗斯的中国人》《冰之下》等。此外，中国还牵头举办了"2016～2017年中俄媒体交流年""2017年中国－中东欧国家媒体年"等活动，确定了10个领域的200多个合作项目。2014年，我们创办了丝绸之路国际电影节，该活动目前已连续举办5届，2016年，参加丝绸之路国家电影节的国家达到了57个。2017年6月举办的"2017中国成都金砖国家电影节"上，由贾樟柯和其他国家著名导演共同参与执导的电影《时间去哪儿了》则反映出世界上不同民族的人们所普遍关心的现实问题。

新华社于 2015 年 3 月发布的《推动共建丝绸之路经济带和 21 世纪海上丝绸之路的愿景与行动》明确将"文化交往"作为"民心相通"的重点开展对象，并进而使之成为加速"一带一路"实施的重要途径和宗旨。文件指出，要在"沿线国家间互办文化年、艺术节、电影节、电视周和图书展等活动，合作开展广播影视剧精品创作及翻译，联合申请世界文化遗产，共同开展世界遗产的联合保护工作。深化沿线国家间人才交流合作"。由此，电影——作为文化事业和文化产业的一种，被正式纳入"一带一路"倡议。自 2015 年第 18 届上海国际电影节起，上海国际电影节主办方便自觉响应国家"一带一路"倡议，积极开展"一带一路"人文交流。在第 21 届上海国际电影节首日，来自 31 个国家的电影节代表会聚一堂，共同宣布成立"一带一路"电影节联盟，并发表联盟宣言。此外，第 21 届上海国际电影节还与浦东新区合作，创新开设了"一带一路"电影周，以邀请"一个国家、一位电影人、一家电影公司、一部电影、一家媒体"为框架，分别举办"一带一路"电影展映、"一带一路"圆桌论坛、"一带一路"电影之夜等活动。

毫无疑问，作为"铁盒子里的大使"，电影节的开展除了具备自身文化的交流，更彰显出其助推国家战略实施的重要作用。可以想见，在国家文化传播战略的高瞻远瞩下，不同国家间开展的这些电影节活动以及合作交流，都为中国电影打开文化视野、实现"文化共同体"，从而打入国际电影市场提供了新思路。实际上，一方面，就中国电影发展自身而言，从质量上提升才是可持续发展的根本，而这其中显然离不开对其他国家电影经验的借鉴，尤其是在如今这样一个各国之间互联互通的全球化语境下，技术的、审美的、体制的等多方面的经验互动更是显得尤为必要，而通过国际电影节的开展以及各国之间的电影合作交流，我们可以更加方便地习得国外团队的科学经验，熟悉电影发达市场的工业、人才运行体系和规律；另一方面，国际合作也是国外电影企业进入中国市场的一种渠道和方式，是对中国本土电影的一种冲击、刺激和带动。

最后，必须重申，无论是讲好中国故事，还是建构中国电影学派，无疑需要一种建构在"跨文化研究"①的比较视野之上的观念，也必须建立在对"文化间性"②的充分认识之上。用伽达默尔的话来说，将文本的历史视角与研究者的当下视角进行融合，就克服了我们和他者各自的局

---

① 在文化研究学者周宪看来，跨文化研究必须关注到一些新理念：其一，通过跨文化比较，确证存在着广泛的跨文化的价值或规律的共同性；其二，这种共同性促使人们去寻找自己和他者的不同资源在跨文化研究上的互动与参照。对此，周宪认为，伽达默尔解释学的"视域融合"（the fusion of horizons）理论或对跨文化研究有所启示。具体转换为跨文化研究的表述，张力的一方是研究者自己的地方性视角（相当于阐释者当下的视角或期待），另一方则是他者的视角（相当于被阐释文本出现时的历史视角或期待），视域融合就是超越两者之间的紧张关系而努力寻求一种融合性的更大的新视角。

② 文化间性指的是一种文化与他者际遇时交互作用、交互影响、交互镜借的内在关联，它以承认差异、尊重他者为前提条件，以文化对话为根本，以沟通为旨归。参见蔡熙《关于文化间性的理论思考》，《大连大学学报》2009 年第 1 期。

限性，从而实现了"跨"文化的更大视域。也即，"对于跨文化研究来说，自我的本土性和地方性视角不是要抛弃掉，而是要与他者视角不断地融合。当然，我们需要在视域融合的理论基础上，提出更加复杂的互动性视域设想。"[①] 为此，以比较视野，在现实主义观照下，从对电影故事的讨论到对电影节的讨论，从在纵向上审视新时期以来的中国电影叙事，到在横向上对比中国和世界电影的叙事，无疑将帮助我们在重读电影故事的过程中建构起以讲好中国故事为主导的中国电影学派。

How to tell a good Chinese story from a comparative perspective

Rao Shuguang

Abstract：if there is any "phenomenon-level" topic in Chinese film circles in recent years, it is undoubtedly a widespread discussion caused by the "Chinese Film School", as well as a series of film theme activities around the reform and opening-up policy in the past 40 years. And these thoughts are clearly inseparable from President Xi Jinping at the national propaganda and ideological work meeting pointed out the issue of "tell the Chinese story." Therefore, from a comparative perspective, under the realistic view, from the discussion of the film story to the discussion of the film festival, from the vertical examination of the Chinese film narrative since the new period to the horizontal comparison of the Chinese and world film narratives, Will no doubt help us to re-read In the process of the film story, the Chinese film school is constructed, which is dominated by the good story of China.

Key words：Comparative vision, Chinese Film School, Chinese story, Realistic creation, China National Film Festival

---

① 转引自周宪《跨文化研究：方法论与观念》，《学术研究》2011 年第 10 期。

虚拟影像：中国早期电影媒介考古[*]

唐宏峰[**]

摘　要： 近代中国影像放映活动需要一种媒介考古学式的研究。集中对晚清上海的幻灯与电影放映进行考察，通过大量报刊资料，仔细分析放映情况与观众的感官接受，可以看出二者同为近代流行的视觉娱乐活动，在观众那里产生了相似的视觉与其他感官经验，一种类电影的视觉经验在电影技术之前已经展开。这种基于幻灯、摄影和电影媒介所共同具有的虚拟影像属性，即不依赖物质载体的虚拟性与"缺席的在场"本质，虚拟影像带来了影与物的脱域关系，给观众带来"真－幻"悖论的知觉激情。近代中国观众基于传统的光学知识与实践和丰富的影的装置，在震惊于影像运动性的同时，更加感知于幻灯和电影放映所带来的影之虚拟性与脱域。此种对现代虚拟影像的考察体现出媒介考古学的独特性，将媒介历史空间化，在历史地层沉积的缝隙中打捞同属于过去、现在与未来的可能性。

关键词： 虚拟影像　媒介考古学　脱域　缺席的在场　视觉性　再媒介

在常规的中国电影史写作中，"早期电影"并不早，基本是指20世纪20年代中国电影创作的早期阶段，在此之前就是对电影传入中国的信息进行简单介绍。这样的电影历史叙述方式是西方经典电影观念主导下的产物，无法回应近年来"新电影史"研究、媒介考古学（media archeology）和视觉文化研究（visual culture studies）这些理论和历史研究的新进展。叙史的变化，关键在于史观的变化，在于对历史对象理解的变化。在媒介考古学与视觉文化研究两种研究倾向的作用之下，电影日益作为现代人类感官媒介之重要代表、作为现代人视觉经验的主要形式而被理解。对待作为媒介、技术与视觉经验之电影，便与对待一门崭新伟大艺术之电影的方式与态度不同，研究者开始着重探讨电影与他种媒介和视觉技术之间的关系，在这种关系中重新定位电影，进

---

　*　本文为教育部人文社会科学研究青年项目"《点石斋画报》新材料与新问题研究"的阶段性成果（项目编号：18YJC760075）。

　**　唐宏峰，北京大学艺术学院研究员。

而重新描画和理解现代或早期现代人类的影像生产、放映活动、视觉经验与感官体验等。如冈宁（Tom Gunning）、克拉里（Jonathan Crary）、埃尔塞色（Thomas Elsaesser）、齐林斯基（Siegfried Zielinski）等电影史论、艺术史论和媒介研究的学者从各自学科的范式出发，都对电影——尤其是早期电影和当下所谓"后电影"——进行了迥然不同于经典电影史的种种研究。在这种研究中，电影和其他媒介一道构筑起一幅人类感知媒介与感知经验复杂交融、新旧迭变的图景。

此种电影媒介考古的研究方法在国内已有零星介绍，但却极少有学者对中国电影历史进行类似的研究。此种研究并非简单的西方理论加中国经验，以后者印证其前者，而是希望以此来打开中国电影历史中被隐蔽的种种丰富空间，还原或者想象一个现代中国虚拟影像放映史。西方电影考古学的主要成果集中在电影发生期，以新的态度重述电影媒介的发明史及其与他种媒介的竞争与共生的历史。尽管中国在这一发明历史之外，但电影发生的问题依然存在。电影进入晚清中国，一种新的影像媒介在不同的文化与物质环境中生成，近代中国人对它的媒介性与技术性同样表现出求知热情，最终电影与种种传统的或域外早期传入的视觉媒介技术一起构成近代中国人的主要感官媒介环境，形塑着人们的视觉与其他感官经验。本文尝试对 19 世纪末 20 世纪初中国的电影与类电影媒介进行探析，在媒介、技术与经验之间勾画出近代中国的虚拟影像放映情况，将中国人的现代影像经验打开，描画出一幅远超于经典电影观念的中国银幕经验史，探析近代中国人视觉经验之构造。而这种中国历史，反过来又提供了一种与西方有所不同的另类电影媒介经验，作为非西方的人文学者，我们有责任对其抽象提炼，将之理论化，并与西方的理论与模式进行对话。

一 "影戏"：从幻灯到电影

电影进入中国时，有诸多名字如"西洋影戏""美国影戏""电光影戏""机器电光影戏""活小照""爱泥每太司谷浦"等，其中以"影戏"加前缀最为普遍，最终"电光影戏"之简称"电影"成为通用名称。① 翻译作为"跨语际实践"（translingual practice），是主方语言与客方语言之间相互冲突、改造、协商的结果。② 影戏之称一方面将电影与中国古老的影戏传统联系起来，另一方面也将电影与同被放于影戏系统的幻灯（magic lantern）联系起来。

1897 年第 74 号《游戏报》刊载了一篇《观美国影戏记》：中国影戏，始于汉武帝时，今蜀中尚有此戏，然不过如傀儡，以线索牵动之耳。曾见东洋影灯，以白布作障，对面置一器，如照相具，燃以电光，以小玻璃片插入其中，影射于障，山水则峰峦万叠，人物则须眉并现，衣服玩

---

① 参见黄德泉《"电影"古今词义考》，《当代电影》2009 年第 6 期。
② 刘禾：《跨语际实践》，宋伟杰等译，生活·读书·新知三联书店，2002，第 36～37 页。

具无不一一如真，然亦大类西洋画片不能变动也。近有美国电光影戏，制同影灯，而奇巧幻化皆出人意料之外。① 这是中国最早的电影批评文章之一，作者开篇即将电影与传统中国影戏相连，又将电影与"影灯"联系起来。影灯是西式幻灯在晚清中国的又一名称。尽管作者更强调前者如傀儡，后者"不能变动"，但电影"制同影灯"（不过更胜一筹）的判断是很明确的。将电影与幻灯联系起来，在彼时很常见。1914 年《东方杂志》载文《活动影戏滥觞中国与其发明之历史》，认为活动影戏"由旧之影灯而出"，"活动影戏与影灯，新旧虽不同，其理则一"②，很明确地指出幻灯与电影在基本原理上的一致性。1922 年，管际安在《影戏输入中国后的变迁》一文中说："影戏是从哪一年输入中国，我不敢乱说。大约又有二三十年了。不过起初来的，都是死片，只能叫作幻灯。现在还有谁愿意请教？当时却算它又新鲜又别致的外国玩意儿，看的人倒也轰动一时。不多时活动影片到了，中国人才觉得幻灯没有什么好玩，大家把欢迎幻灯的热度，移到活动影片上去了。"③ 这段引文当然是在说电影比幻灯先进，但也明白无误地告诉我们，二者是被看作同一性质的视觉媒介——影戏，只不过幻灯是早期产品，电影则是更先进的技术。

这些记述指出幻灯与电影的差别在于它只能呈现静态影像，但事实上，凭借一些机械技术，幻灯很早就已经实现了运动影像的放映，并且人们对此印象深刻，留下了许多观影记录。④ 站在历史终端的后世研究者们将电影的出现理解为人类又一伟大艺术的诞生，这一艺术从故事讲述、人物塑造、思想情感表达等方面进行深度探索，自然与影戏、幻灯有着天壤之别。但是历史的现场告诉我们，实际情况并非这样，无论是卢米埃的观众，还是晚清上海爱迪生影片的观众，都将电影视为彼时层出不穷的新式视觉娱乐活动中的一种，与既有的感官媒介、视觉部署联系起来。

在电影传入期的近代中国视觉文化中，幻灯是最为流行的影像放映活动。⑤ 这里可以康有为的经验为例。1898 年，奋发蹈厉的戊戌变法仅持续百日即告失败，康有为流亡海外，继续进行著书与政治活动，《大同书》便是写于此时（1898 年~1902 年）。此书《绪言》开篇阐释"人

---

① 《观美国影戏记》，《游戏报》1897 年 9 月 5 日。
② 《活动影戏滥觞中国与其发明之历史》，《东方杂志》1914 年第 11 卷第 6 号。
③ 管际安：《影戏输入中国后的变迁》，《戏杂志》（尝试号），1922。
④ 参见唐宏峰《幻灯与电影的辩证——一种电影考古学的研究》，《上海大学学报》2016 年第 3 期。
⑤ 比如，1873 年《中西见闻录》刊载长文《镜影灯说》，此文重刊于 1881 年第 10 卷《格致汇编》更名为《影戏灯说》。1874 年 5 月 28 日《申报》载广告《丹桂茶园改演西戏》。1874 年 12 月 28 日《申报》载文《影戏述略》。1875 年 5 月 1 日《申报》刊载《西洋影戏》报道。1875 年 3 月 18 日《申报》载广告《开演影戏》。1875 年 3 月 19 日《申报》载广告《新到外国戏》。1875 年 3 月 23 日《申报》载广告《美商发伦现借大马路富春茶园演术》和《叠演影戏》。1875 年 3 月 26 日《申报》载文《观演影戏记》。1876 年第 419 期《万国公报》载文《观镜影灯记》。1880 年第 589 期《万国公报》载文《镜影灯说略》。1887 年 10 月 17 日《申报》载文《丹桂园观影戏志略》。1887 年 12 月 14 日《申报》载文《影戏奇观》。1887 年 12 月 17 日《申报》载文《影戏述闻》。1887 年 12 月 21 日《申报》载文《观影戏记二》。1887 年 12 月 27 日《申报》载广告《复演影戏》。1889 年 8 月 29 日《申报》载文《观影戏记》。笔者通过内容可以判断这些文字所描述的是西式幻灯放映。

有不忍之心"，其中提到了康有为少年时代曾经有过一次观"影戏"的经历：

"盖全世界皆忧患之世也……，苍苍者天，持持者地，不过一场大杀场大牢狱而已。……吾自为身，彼身自困苦，与我无关，而恻恻潘详，行忧坐念，若是者何哉？是其为觉耶非欤？……我果有觉耶？则今诸星人种之争国……而我何为不干感怆于予心哉？""且偩士麦之火烧法师丹也，我年已十余，未有所哀感也，及观影戏，则尸横草木，火焚室屋，而憷然动矣。非我无觉，患我不见也。夫见见觉觉者，凄凄形声于彼，传送于目耳，冲触于魂气，凄凄怆怆，袭我之阳，冥冥岑岑，入我之阴，犹犹然而不能自已者，其何朕耶？其欧人所谓以太耶？其古所谓不忍之心耶？其人人皆有此不忍之心耶？[①] 在这段话中，康有为先提出了一个"我为何可以感受到他人的痛苦"的问题，"吾自为身，彼身自困苦，与我无关，而恻恻潘详，行忧坐念，若是者何哉？"人无法与他人沟通肉体感受，但为何依然会体会到他人的痛苦？他给出的答案是人有"觉"，即一种"不忍之心"。但这种"觉"与"不忍之心"是有条件的，它们与视觉相关，"觉"源于"见"。康有为叙述普法战争并没有让十余岁的自己产生哀感，直到观看了一场展现"尸横草木，火焚室屋"的普鲁士攻占色当的"影戏"（应当为摄影或绘画的幻灯展示），才感到巨大的冲击。"非我无觉，患我不见也。"他描述这种震惊效果甚至从耳目而至于魂气、阴阳内心。康有为思考人类社会，从共通感走向政治乌托邦，一方面复苏古之"不忍之心"与"大同世界"，另一方面则赋予这种思想、感受和治理策略等虚事以现代科学或物质层面的基础，比如新式视觉技术和物理上的新发现物质"以太"。无论是幻灯还是以太，在康有为这里，都被理解为一种传播图像、进而传递情感、激发共情、形成情感共同体的媒介。在这样的基础之上，康有为开始思考人心相通的条件、不忍之心的基础与大同世界的可能。

这段记述为我们提供了一个上层知识精英如何对待幻灯媒介的例子，而类似的幻灯放映在更广泛的晚清普通城市居民中也是广为流行。不过，早期的放映活动，无论是幻灯还是电影，留下影像资料的少之又少，视觉文化史学者的大部分工作只能依赖文字考证，因此 1886 年 2 月《点石斋画报》上一组表现华人牧师颜永京环球旅行幻灯会的图画就格外珍贵。1885 年 11 ~ 12 月，为助赈南方水灾，华人牧师颜永京在上海格致书院举行其环球旅行的幻灯放映会，此次赈灾助演在《申报》上有持续的报道和广告，留下了不少的文字记载，表明该活动在沪上产生了一定影响。而图像方面，颜永京的"影戏画片"似乎已不存世，只有事后《点石斋画报》"特请吴君友如一手绘成十六幅传留此雪泥鸿爪与海内君子同观焉"[②]，1886 年 2 月已六期以整本刊物的篇幅报道了这次放映（见图1）。文字叙述颜永京在格致书院"出其遍历海外各国名胜画片为影戏"

---

① 〔清〕康有为：《大同书》，辽宁人民出版社，1994，第3页。
② 《六十六号画报出售》，《申报》1886年2月9日至18日。

图 1　《点石斋画报》巳六

"图凡一百数十幅，颜君一一指示之曰，某山也，某水也，某洲之某国，某国之某埠也，形形色色，一瞬万变，不能遍记，而亦不尽遗忘……"之后介绍了十六幅图的题目和颜永京环球旅行的线路。

这组图画内容属于点石斋常见的主题之一，即世界风俗奇闻，比如赤道附近岛屿的生民、奉猴为神明的寺庙、埃及金字塔和狮身人面像、苏黎世运河、对鱼弹琴、东京风景等。在这组图像的最后有一张名为《影戏同观》的图画，表现了活动的现场（见图 2）。从画面来看可以判定，这是一场影像放映活动。画面右上方是一块圆形幕布，上面隐约显示出一个地球的形状，旁边一个人手持长棍在指点，当为颜君的指示与解说。画面下方为坐在长椅上的观众，近处也有站立者，杂有西人、妇女和小孩。室内环境，几盏灯笼上写有"影戏""助赈"等字样，左上角有几排玻璃柜子，里面隐约可见一些仪器与器皿，表明格致书院的科学环境。值得注意的是画面左下角，出现一个站在方凳上的人物，他在操作旁边一架长方盒子形状的机器，此机器当为放映机，画面甚至还表现一束光从机器中朝幕布的方向打出来。这张图画表明此影戏助赈活动当为一场西式幻灯放映会。对照《申报》上的文字记载，这一点会看得更清楚。1885 年 11 月 23 日，在第一次影戏会后两天，《申报》刊载了一篇《观影戏记》：……携轻装附轮舶，环游地球一周，以扩闻见，历十数寒暑始返，则行囊中贮画片百余幅，皆图绘各国之风俗人情礼乐刑政以及舟车屋宇城郭冠裳山川花鸟，绝妙写生，罔不曲肖。暇时以轻养气灯映之，五色相宣，历历如睹，俗谓之影戏。……

……堂上灯烛辉煌，无殊白昼，颜君方偕吴君虹玉安置机器，跋来报往，趾不能停。其机器式四方，高三四尺，上有一烟囱，中置小灯一盏，安置小方桌上，正对堂上屏风，屏上悬洁白洋布一幅，大小与屏齐。少迟，灯忽灭，如处漆室中，昏黑不见一物。颜君立机器旁，一经点拨，忽布上现一圆形，光耀如月，一美人捧长方牌，上书"群贤毕集"四字，含睇宜笑，婉转如生。……由是而现一圆地球，由是而现一平地球。颜君具口讲指画，不惮纷烦，人皆屏息以听，无敢哗者。……① 由此可知，点石斋图画中放映者为吴虹玉。文字对放映机的描述与图画中的细节一模一样，并指明使用的光源为轻养气灯（氢氧气灯）。幕布上出现地球，也与图画一致。

幻灯这一视觉技术于 1659 年由荷兰物理学家惠更斯（Christiaan Huygens）发明。② 这种技术使用光源将透光的玻璃画片内容投射到白墙或幕布上。西式幻灯传入中国甚早，早在清代初中期由传教士带入中国，首先在宫廷皇室流行，后在民间广受欢迎，苏州等地甚至有了成熟的包括幻

① 《观影戏记》，《申报》1885 年 11 月 23 日。

② Laurent Mannoni, *The Great Art of Light and Shadow：Archeology of the Cinema*, trans. by Richard Cragle（Exeter：The University of Exeter Press，2000）.

图 2　《影戏同观》（《点石斋画报》巳六）

灯在内的光学机具制造产业。到 19 世纪中叶，幻灯技术不断发展，主要是光源的改进，明亮清晰的图像加之各种联动特技，使得新式幻灯在上海等晚清中国城市非常流行。同时，报刊上出现各种幻灯放映的广告、技术解说和观感报道。①

————————————

① 段海龙、冯立昇：《幻灯技术的传入与相关知识在清代的传播》，《内蒙古师范大学学报》2013 年第 6 期。

实际上，在电影的发明过程当中，传统的幻灯技术为电影提供了放映手段，电影与幻灯共享一套放映原理与放映系统。① 从放映原理上来看，幻灯的基本结构包括四个部分——光源、镜头、图像和接受图像的平面，这与电影的基本原理是大体一致的。它依靠机器、环境黑暗、影像硕大逼真、快速变换，让人有身处幻境之感。许多记述幻灯放映观感的文章，都强调了黑暗观影、电光投影于幕布之上。如晚清上海著名的旅游书《沪游杂记》有"西法影戏"条目："西人影戏，台前张白布大幔一，以水湿之，中藏灯匣，匣面置洋画，更番叠换，光射布上，则山水树木楼阁人物鸟兽虫鱼，光怪陆离，诸状毕现。"② 再如前论颜永京幻灯会上，"我独惜是戏演于黑室中，不能操管综纪，致其中之议院王宫火山雪岭山川瀑布竹树烟波，仅如电光之过，事后多不克记忆。"③ 黑暗中忽现光芒影像，没有旁骛，影像抓住观者全部感官。"如电光之过"的丰富内容表明幻灯片变换快速、内容丰富，让人有目不暇接之感，这与点石斋配图文字中"一瞬万变，不能遍记，而亦不尽遗忘"的感受是同样的。同时影像逼真，"英德法美日本等处、京都及沿途名胜地方，如在目前，不啻身历其境"④，让人觉得仿佛直接进入了幻灯图像所展现的世界。

正是在放映和观看机制上，幻灯的视觉效果与电影有了深刻的相似之处——公众放映，黑暗之中被放大的影像，形成一种剥夺性的视听效果，影像逼真并且变幻无穷，观众静坐在一个框架中观赏图像的运动。对比前引《观美国影戏记》中作者对电影的观感表达，清晰可见二者的相似：……昨夕雨后新凉，携友人往奇园观焉。座客既集，停灯开演。旋见现一影，两西女做跳舞状，黄发蓬蓬，憨态可掬；又一影，两西人作角抵戏 ……观者方目给不暇，一瞬而灭。观者至此几疑身如其中，无不眉为之飞，色为之舞。忽灯光一明，万象俱灭。其他尚多，不能悉记，旬奇观也！观毕，因叹曰，天地之间，千变万化，如海市蜃楼，与过影何以异？自电法既创，开古今未有之奇，泄造物无穷之秘。如影戏者，数万里在咫尺，不必求缩地之方，千百状而纷呈，何殊乎铸鼎之像，乍隐乍现，人生真梦幻泡影耳，皆可作如是观。⑤ 影像在黑暗中"千变万化"，丰富奇幻不能遍记，万里咫尺，身临其境，真境与幻影难辨，这些感受与前引各种幻灯放映的观感文章非常相似。因此，必须认识到，幻灯为人们提供了电影出现之前的虚拟影像放映的视觉体验。

① 〔法〕萨杜尔：《电影通史》（第一卷），忠培译，中国电影出版社，1983，第247~255页。
② 葛元煦：《沪游杂记》，上海书店出版社，2006，第135页。
③ 《观影戏记》，《申报》1885年11月23日。
④ 《影戏助赈》，《申报》1885年11月23日。
⑤ 《观美国影戏记》，《游戏报》第74号，1897年9月5日。

二 虚拟影像：影的考古

影戏、影灯、影画、摄影、电影……在中国视觉文化中，"影"成为表达某种视觉性的最主要的词根。幻灯和电影被归属于影戏传统，表明中国观众对这两种影像性质的基本认识——它们是一种不同于有物质载体之图像的虚拟的视觉，即虚拟影像（virtual image）。

20 世纪 80 年代，中国电影史学者重提"影戏"概念，将"影戏论"视为中国民族电影理论的特性。[①] 由此，将电影与皮影戏、京剧等民族艺术形式联系起来，并由对"影戏"之"戏"的侧重，判断中国电影创作遵从对戏剧的理解，以戏剧性为主要追求。"在中国初期的电影工作者看来，电影既不是对自然的简单摹写，也不是与内容无关的纯学术游戏，而认为它是一种戏剧。"[②] 也许此种戏剧说符合 20 世纪 30 年代之后中国电影创作与接受的状况，但若对应早期电影的放映与接受状况，则无法契合。在我看来，中国早期观众将电影纳入影戏传统，并非对电影戏剧性的认同，而更在于对"影"的识别，是将电影放入"影"之表演与展示的文化实践传统中，由此建立电影、皮影戏与幻灯等中国"影"之传统的联系。影戏、影灯、影画、摄影、电影……一系列词汇的选择，鲜明体现出中国人对一系列现代视觉媒介技术的"影"之属性的认识。正如叶月瑜所说："若是留意'影戏'这词语的前半部分，即'影'一字所投射出来的光晕，我们可以把'影'置放在电影设置（cinema dispositif）的结构中，把眼光放在电影机器（拍摄、制作和放映）所制定的观赏条件、氛围与收视等要件上，从而衍生出另一种电影文化景观。"[③] 我们需要另一个方向的想象，在这个方向上对"影"进行考古，尝试理解作为光学知识、媒介技术、艺术表演、影像呈现与感知经验的"影"。

"影"不是物，尽管可以与物逼肖，却并不具有实体。幻灯和电影的视觉，正是此种"影"的虚拟性，其被观赏的图像并不具有物质载体，其所再现的对象并不在那里，本质是缺席的，这是幻灯影像与电影影像的根本一致之处。"虚拟"（virtual）一词经过弗莱伯格（Anne Freidberg）的阐发，不仅指称数字技术之后的当代图像生产，而且具有更广的历史应用，包括种种不依靠物理载体的视觉媒介效果，可以看见但无法被测量，比如镜中影、暗箱影像、记忆影像、经由镜头中介产生的影像（摄影影像、望远镜/显微镜影像）等，还有最重要的就是幻灯和电影。虚拟影

---

① 钟大丰：《论"影戏"》，《北京电影学院学报》1985 年第 2 期；陈犀禾：《中国电影美学的再认识——评〈影戏剧本作法〉》，《当代电影》1986 年第 1 期。

② 钟大丰：《论"影戏"》，《北京电影学院学报》1985 年第 2 期。

③ 叶月瑜：《演绎"影戏"：华语电影系谱与早期香港电影》，载叶月瑜、冯筱才、刘辉编《走出上海：早期电影的另类景观》，北京大学出版社，2016，第 52 页。

像是一种非物质形式的影像，但也可以被赋予物质载体，成为图像。① 幻灯和电影银幕上的种种奇幻影像灼人耳目，但灯光一亮而万物皆消，是一种虚拟影像，在这一点上，根本不同于传统的绘画、戏剧等视觉活动。

虚拟影像与传统图像之间的差别，类似于米歇尔（W. J. T. Mitchell）的"图像理论"对 image（影像）和 picture（图像）所做的区分。在米歇尔那里，image 涵盖极广，包含绘画形象、光学形象、感知形象、精神形象、语言形象等，既指物理性的客体，又指精神性的、想象性的形象，包括梦中、记忆中、感知中的视觉性内容。而 picture 则指一幅画、一尊雕塑、一张照片等有可感的材料性和物质性的图片，因此图像（picture）可以挂到墙上也可以摘取。相反，影像（image）是光学或意识的产物，没有物质性，同时，同一个影像可由不同的媒介呈现，获得不同的物质载体，而形成不同的图像。图像就是影像加上它的载体。虚拟影像概念用虚拟（virtual）一词进一步强调了影像（image）与图像（picture）之间的区别。幻灯与电影作为现代虚拟影像，其本质正在于实现了物、影像与图像之间的脱域（deterritorialize）与再域（reterritorialize）。

无论在中国还是西方，关于"影像"都有丰富的思考传统。不透明的物体在光的作用下会产生影子，这是最早的形象生产，事物自动性的产生自己的形象，复制自身，无须人手的中介。在西方，人们对事物影子进行描绘被认为是绘画的起源。② 人类有着再现事物的深刻心理需求，从柏拉图开始，艺术就被看作对世界的模仿，同镜中影像、水中倒影一样，艺术再现/复制（represent）真实事物为虚假的形象。③ 于是，绘画成为人类再现事物形象的主要方式。而对形象、图像、影像之自动性、机械性的生成，则是人类再现心理的长久需求，人们希望摆脱手的中介，让事物直接复制自身为形象，于是小孔成像、暗箱、明箱、面屏等光学乃至数学的原理和装置被发现或发明。通过小孔、窗格或镜头，事物自动生成自己的影像（image）。物在自己身上榨取出一个副本，此分身实现了物的脱域，将事物从特定空间中解放出来。按照皮尔斯所划分的三种符号类型，此影像为索引（index）式符号，即它不仅与事物相像，更与事物有物理性相关。④不过也因此，尽管带来了物的脱域，但影像无法根本性地脱离物而存在，物离影消。因此，如何通过某种媒介将影像保存下来，成为19世纪各种实验发明的重心。最终，化学的进展与光学的进展相结合，人们发现了合适的显影材料，实现了影像的保存，形成一张照片（picture），这就是摄影的出现。Picture 将 image 再域化，赋予其一个身体，进而实现了被再域化的影像与物的分

---

① Anne Friedberg, *The Virtual Window: From Alberti to Microsoft*（MIT Press, 2009）, pp. 11 – 17.
② 参见〔瑞士〕斯托伊奇塔《影子简史》，刑莉等译，商务印书馆，2013。
③ 〔古希腊〕柏拉图：《理想国》（第十卷），商务印书馆，2003，第387~409页。
④ 皮尔斯提出三种基本的符号的辨认系统：象征（symbol）、图像（icon）和索引（index）。〔美〕皮尔斯：《作为符号学的逻辑：符号论》，载涂纪亮《皮尔斯文选》，社会科学文献出版社，2006，第279~281页。

离。而当幻灯和电影在幕布上进行投射放映，经由镜头的中介，image 再次从图像和胶片（picture/film）中释放出来，形成被放映的虚拟影像。人们观看"光怪陆离、一瞬万变"的虚拟影像，"影"脱离了物，在另外的时空显影于陌生人的眼前。终于，事物之影像脱离了物，获得了自由的传播，物不可移动（或者说移动的成本比较高），其影则可以自由流通，传播物的形象。如前引幻灯观感所称，"英德法美日本等处、京都及沿途名胜地方，如在目前，不啻身历其境"①。

这样，在幻灯和电影的虚拟影像中，物与影的关系形成了一种"缺席的在场"（the presence of an absence）。汉斯·贝尔廷（Has Belting）用此语来描述摄影、幻灯与电影影像的虚拟性，指影像可见/在场，但其所再现的对象却是缺席的/不可见的，影像的存在恰恰证明了其所再现、使在场、使可见的对象本质上的缺席。影像以一种虚拟的在场，将不在场的事物呈现出来。② 这是影像的悖论，也是麦茨电影符号学理论的核心。电影是"想象的能指"，是在场与不在场的奇妙混合。电影尽管具有最细致的真实，却是银幕上的虚拟影像，真实的演员与事物已经不在场，在场的是它们的影像/分身。"它所包含的知觉活动是真实的（电影不是幻觉），但是，那被知觉的并不是真实的物体，而是在一种新式镜子中所展现出来的它的影子、它的虚像、它的幽灵、它的复制品。"③ 所以，电影就是能指本身。

因而这种虚拟性和"缺席的在场"在近代中国观众那里形成一种突出的虚幻之感。早期中国观众们慨叹幻灯和电影中的景象如此真实，令人仿佛身临其境，亲眼所见，但一个景象出现马上又消失，瞬间变换，目不暇接，让人频生虚幻之感，明白银幕上的影像不过是真实事物的虚拟，后者并不在场，在场的只是影像。

如影戏者，数万里在咫尺，不必求缩地之方，千百状而纷呈，何殊乎铸鼎之像，乍隐乍现，人生真梦幻泡影耳，皆可作如是观。④

上礼拜六丹桂园又演影戏，……如人物之变幻、日月之吞吐，沙、＊风帆之出没，珍禽怪兽之往来，一转瞬间而仪态百变，嗟乎，白云苍狗、沧海桑田，大千世界何不可做如是观哉。⑤

……种种用物俱极精巧，难以缕述，并有中国东洋诸戏式与本埠各戏园所演无异，其中景象逼视皆真，惟是影里乾坤幻中之幻，殊令人叹可望不可即耳。⑥

---

① 《影戏助赈》，《申报》1885 年 11 月 23 日。

② Has Belting, *An Anthropology of Images：Picture，Medium，Body*, trans. by Thomas Dunlap（Princeton：Princeton University Press，2011），p. 6.

③ 〔法〕麦茨：《想象的能指》，载吴琼编《凝视的快感：电影文本的精神分析》，中国人民大学出版社，2005，第 36 页。

④ 《观美国影戏记》，《游戏报》1897 年 9 月 5 日。

⑤ ＊表示无法识别的字。《丹桂园观影戏志略》，《申报》1887 年 10 月 17 日。

⑥ 《西洋影戏》，《申报》1875 年 5 月 1 日。

　　可以看到，早期观影文字通常把影像内容与观影感受并陈，变幻无穷的影像让人感叹"白云苍狗、沧海桑田""影里乾坤幻中之幻"。新式的虚拟影像技术与传统的佛老之说结合起来，人们用传统的观念来解释新鲜的感受，"佛言一粒粟中现大千世界，是镜也亦粟之一粒欤？"①

　　经由百余年的发展，我们对现代影像的理解已经不太倾向还原其作为"影"的一面。"影"的传统似乎被遗忘。而在中国传统思想与视觉文化中，对于"影"的认识和表现是很丰富的。一方面，在思想观念中，影之虚幻性特别与禅宗佛学相互发明；另一方面，中国传统的光学知识对于影有很充分的认识，并形成了丰富的视觉文化实践。与西方模仿论的主导不同，中国文化对影的理解并不特别与绘画相关，而是一直将影与物影传播、影像放映相联系。从墨子对影和小孔成像等光学现象的理解开始，到沈括、徐光启等对光学知识的发展，中国古典科学形成了悠久而独特的光学知识和视觉理解。尤其是基于对小孔成像、投影等的认识，中国形成了对图像投影及影像移动与传播的充分理解和应用，成为光学媒介发展的先驱。17世纪中叶欧洲博学家惠更斯和基歇尔（Athanasius Kircher）发明幻灯的过程，实实在在受到了中国光学知识和设备的启发，此后，影像移动和投影设备在欧洲宣扬开来。也是在此时，中国和欧洲两种光学知识和视觉理解开始相互作用。②而后，西式幻灯传入中国，加入中国人的图像投影、影像放映的媒介与实践之中，广受欢迎。同时，中国人对影的实践还表现在源远流长、蔚为大观的影戏传统。在舞台戏剧领域，人们利用光源使物在幕布上留影，进行戏剧性的表演，具有影之视觉性与戏之叙事性两方面特点。③

　　在这样的"影"之文化传统中，近代中国人特别感叹幻灯和电影这类现代虚拟影像实现了影的脱域。与传统影戏不同，影与物分离，遥远时空之物的影像，现在可以展现于目前，各种域外风光人物纷至沓来，令人目不暇接，但观者又很清楚其为虚影。"虚拟影像"与"缺席的在场"之属性，在早期中国影像经验中格外突出，中国人对这方面的感受，并不小于对影像运动的感受。前引《观美国影戏记》如此描述："旋见现一影，两西女做跳舞状，黄发蓬蓬，憨态可掬；又一影，两西人作角抵戏；又一影……又一影……"作者用"影"做基本单位来称呼电影的每一段落。《味莼园观影戏记》的作者在观影结束后与精通摄影的友人探讨电影原理，首先提到此影戏的发明者爱迪生曾发明留声机，可以记录声音，如今又发明电影记录运动影像，之后开始讨论摄影和电影对于"影"的发展：

---

① 《影戏奇观》，《申报》1887年12月14日。

② 此段关于中西光学知识关系的论述，参考了Jennifer Purtle在第34届世界艺术史大会上发表的论文"Optical Media in Postglobal Perspective"。

③ 参见〔澳〕玛丽·法克哈、〔英〕裴开瑞《影戏：一门新的中国电影的考古学》，刘宇清译，《电影艺术》2009年第1期。

大凡照相之法，影之可留者，皆其有形者也，影附形而成，形随身去，而影不去斯，已奇已如，谓影在而形身俱在，影留而形身常留，是不奇而又奇乎。照相之时，人而具有五官则影中犹是五官也，人而具有四体则影中犹是四体也，固形而怒者，影亦勃然奋然，形而喜者，影亦怡然焕然，形而悲者，影亦愀然黯然，必凝静不动而后可以须眉毕现，宛如其人神妙。至于行动俛仰，伸缩转侧，其已奇已如。谓前日一举动之影即今日一举动之影，今日一举动之影即他日一举动之影也，是不奇而又奇乎？此与小影放作大影，一影化作无数影，更得入室之奥矣。①

作者慨叹摄影使得物去而影留，这很奇巧（形随身去，而影不去斯，已奇已如），不过更奇巧的是由于影被保存下来，物的形象就永远存留下来（影在而形身俱在，影留而形身常留，是不奇而又奇乎）；照相做到了影与物的精准对应，甚至包括了物之运动，这很奇巧，但更加奇巧的是，电影使得过去的运动之物被记录下来，是对已逝的时间和运动的保留（前日一举动之影即今日一举动之影，今日一举动之影即他日一举动之影也，是不奇而又奇乎）。在这里，作者对摄影和电影特性的理解，更强调的是影对物的留存，影实现了物的脱域，虚拟影像展现"缺席的在场"。在新的媒介中，经由幻灯和电影的投射放映，影被释放出来，其所指涉（index）的物复现，这让传统影戏经验中的晚清观众无限感佩。随后作者还提到了跑马镜和 X 光，并以致用观念指出，凭借记忆与复现，这些现代影像媒介可以为国家政治和家庭纪念服务。克拉考尔与巴赞的电影理论确认电影的记录性，"物质现实的复原"是电影的本性。不只于电影，人类现代媒介的全部追求就在于对信息、图像、声音、影像实现自动性的生产、存储与传播，从古登堡印刷术、暗箱、幻灯到打字机、摄影、留声机、电影，从光学、声学到书写，人最终从制作信息与图像的手工业者变成自动媒介的操作者。②

电影之复现带来复杂的知觉感受。在强调记录与复现的同时，克拉考尔与巴赞并没有充分说明影像知觉的特殊性，这要等到麦茨的电影符号学确认电影是"想象的能指"。在《味莼园观影戏记》的最后，作者发出如下慨叹："夫戏，幻也，影亦幻也，影戏而能以幻为真，技也，而进于道矣。"前引材料描述的虚幻观感与此类似，观者慨叹眼前景象变幻迷离，既是"逼视皆真"，又是"幻中之幻"，这种真－幻的悖论正是虚拟影像之"缺席的在场""知觉的激情"的魅力。"以幻为真"概括出了早期观众对于电影之媒介特性及其所带来的视觉特性的感知，无论在中国还是西方，这都是早期电影观众感官经验的核心。冈宁曾经解构了电影第一次放映时的神话——观众面对卢米埃电影迎面疾驰的火车而惊吓离座，这种震惊并非早期观众误将影像当作实物，而

---

① 《味莼园观影戏记》（续前稿），《新闻报》1897 年 6 月 13 日。
② 〔德〕基特勒：《留声机、电影、打字机》，邢春丽译，复旦大学出版社，2017；参见吕黎《"打字机"的前世今生——2017 年媒介考古学著作举隅》，《中国图书评论》2018 年第 2 期。

是来源于如此灵动逼真的电影媒介本身。① 媒介是作用于人之感知的装置，"以幻为真"，并不是观众无法分辨真与幻，而是现代虚拟影像的媒介属性带来的感知，观者的震惊与惊叹，恰恰是源于充分知觉于这种幻与真、缺席与在场的辩证关系，观众知道这是虚幻的影像，但却如此真正地相信、真实地感受、充分地知觉于此种幻影，这正是"知觉的激情"。

三　媒介考古学：媒介文化的新与旧

费正清在二战后返回哈佛任教，开设了两门经典课程《近代东亚文化》和《中国近代史》。李欧梵描述费正清讲课"语调干枯而细致，面孔毫无表情"，为了激发学生兴趣，时常使用幻灯片，第一堂课放的第一张幻灯片是一块中国的稻田，然后他不动声色地说："女士们，先生们，这是一块稻田，这是一头水牛……"学生们因此把此课叫作"稻田课"，是哈佛有史以来持续最久的课程之一。② 费正清的教学幻灯片至今仍保存在哈佛燕京图书馆（见图 3 – 1，图 3 – 2，图3 – 3），总计近千张，内容涵盖近代中国经济、政治、军事、文化、艺术等各方面。这些幻灯片图像部分是费正清在中国时收集而来，部分是他搜集的西方画报上的相关图像。图像以照片为

图 3 – 1　费正清教学幻灯片（哈佛燕京图书馆藏）

---

① Tom Gunning, "An Aesthetics of Astonishment：Early Cinema and the（In）Credulous Spectator", *Art and Text* 34（1989）：17.
② 李欧梵：《我的哈佛岁月》，江苏教育出版社，2005。

主，也包括版画、水墨画、油画等多种。这些印制在玻璃片上的黑白或彩色画面，曾经投影于学生的面前，如今则静静地躺在图书馆的档案库里，再也没机会被释放出来。旧媒介被遗忘，但并

图 3 - 2　费正清教学幻灯片（哈佛燕京图书馆藏）

图 3 - 3　费正清教学幻灯片（哈佛燕京图书馆藏）

没有消亡。在写作这篇文章之时，我每周在课堂上给学生上课，使用现代电子教学设备，比如电脑、投影和PPT。幕布上投映出电脑生成的数字影像，这些影像不再依赖于物理光学，而是像素，是0和1。在媒介考古学的视野下，古老的影像放映机制被再媒介化于当代数字文化之中，旧的新媒介和新的旧媒介，安辨雌雄？

本文对摄影、幻灯、电影等现代影像媒介进行一种综合性的研究，探究它们作为现代虚拟影像的视觉性。这样一种考察力图对既有的分门别类、界限清晰、进化论式的线性的艺术/媒介/技术的历史叙述进行重新讲述，对人类媒介的历史地层进行考掘，重新理解媒介之间的关系和位置，进而对媒介自身产生新的认识。这正是一种媒介考古学的研究。当我们将电影放置于现代影像的整体媒介环境中，看到电影与幻灯、摄影和其他彼时视觉媒介（如费纳奇镜［phenakistiscope］、走马盘［zootrope］等）的共生关系，看到观众接受的共时性，那么我们对电影的理解就会发生很大变化。电影最初的诞生，并非作为一种全新的艺术形式，而是人类漫长虚拟影像经验的最新表现，来自人对于物与影之间脱域关系的长久需求。晚清中国的影像经验更有助于我们看清这一点，第一批观众将电影放置于人类影像的产生、存留、放映、传播与接受的漫长历史中进行理解，所谓电影考古学并不新鲜，实际上，时人对此从不疑惑，只是后人患有健忘症。

媒介考古学力图建构一个被压抑、忽略和遗忘的媒介的另类历史，在这种叙述中，媒介的发展并非沿着目的论的进步方向走向一种"完善状态"，相反，死胡同、失败者以及从未付诸实物的发明背后都隐含着重要的故事。[1] 媒介考古学注重挖掘和重建已经被埋没的早期大众媒介，那些"死掉的媒介""没有得到采纳的思想""那样一些发明创造，它们在出现不久就又消失掉了，它们一经走入了死胡同就没有再得到进一步的发展"[2]，而在这样一种考古式的工作中，探析我们今天媒介环境的根由。这种历史态度，使得媒介考古学以一种特别的方式理解"新"与"旧"的关系，新在旧中产生，旧也是其时的新，媒介并不会真正消失，而是转化、附着、再媒介化（remediation）为新的媒介，旧媒介一直伴随着新媒介的形成。在媒介考古学的视野中，"新"被一层层剥落，仿佛考古学发现的地层，媒介考古将媒介文化视为沉积的、层累的，视其为时间与物质的交叠空间，在这里，过去也许会被突然翻新，而新的技术也会日益迅速地陈旧下去。[3]

麦克卢汉曾言，"一种媒介的内容是另一种媒介"，这句话最好地描述了媒介之间的新与旧的关系，强调媒介之间的关联、转译和融合。杰·博尔特（Jay David Bolter）和理查德·格鲁辛

① E. Huhtamo and J. Parikka, eds., "Introduction: An Archaeology of Media Archaeology," *In Media Archaeology: Approaches, Applications and Implications* (Los Angeles: University of California Press, 2011).

② 〔德〕齐林斯基：《媒体考古学》，荣震华译，商务印书馆，2006，第2页。

③ J. Parikka, *What is Media Archeology?* (Cambridge: Polity Press, 2012), pp. 2 - 3.

（Richard Grusin）则进一步提出"再媒介"（remediation）的概念，将再媒介定义为一种媒介在另一种媒介中的再现，用这一概念来讨论早期的各种媒介形式的特征如何被纳入数字媒介之中，他们考察电脑屏幕，指出其中包含了既往的一切媒介形式——文字、图像、电影、电视等。再媒介的本质被认为是一种双重逻辑，一方面是多重的超级媒介（hypermediacy），另一方面则是透明的无媒介（immediacy），"我们的文化总是既希望将媒介多重化，又希望消除各种媒介中介的痕迹，而最理想的情况恰恰是通过多重化媒介来达到透明的无中介的效果"。① 电影正是用这样的方式，将暗箱、摄影、幻灯等过时的媒介叠加、转化为一种更加真切、高效的超级媒介，将对象物仿佛透明般地真实地递送到观者眼前。

那么，在这样一种新旧交融、边缘与主流瓦解的历史态度中，该如何寻找叙述的起点？不同于正统媒介史从过去的某种媒介开始，也不同于新媒介研究者从最新的电子媒介开始，媒介考古学倾向于从旧与新的连接点、过去与现在的交界处开始，因此，"媒介考古学是关于过去与未来之书，是过去的未来和未来的过去。"② "考古学必须在当下与过去之间上下求索：必须在当下的引导下沿着痕迹进入过去，因此才能理解当下怎样以它的痕迹所表明的方式追随现在已经失去的起源。"③ 在这种间隙、交界、断裂、连接之处进入，媒介考古学将一种媒介的形成与发展理解为媒介与媒介之间的交融、竞争、转化、吞并之关系，以"间奏"来理解媒介发展，而非"始终"。齐林斯基的著作《视与听：作为历史间奏曲的电影与电视》（1989）用"间奏"的概念来阐释媒介发展。④ 媒介考古学所描画的历史图景，仿佛是本雅明的"星座"比喻。天空中的星座聚合在一起，看起来仿佛一个平整的平面，但实际上却包含了巨量的时空差异，星座形成了时间和空间的奇妙聚合，不同的过去、过去与现在被并置地挤压在一起，时间被转换为空间，瓦解了惯常的线性历史。在媒介考古学所提供的更广阔的视觉和媒体景观中，历史中的媒介仿佛"星座"，电影这个二十世纪最主要的媒介产品不再被惯性地看作一种全新的独立的伟大艺术，并且也不是人类影像的终点，而仅仅被当作一种"间奏"来理解，被当作再媒介来理解。更多样的生产和观看虚拟影像（virtual image）的技术，早于电影出现，并且在电影发明之后仍然存在、流行了很长一段时间。由于诸多媒介考古学的成果，突然之间，那些像电影和摄影这样最广为人知的重要发明，仅仅成为媒介发展变化的一个分支。

电影考古学自然成为媒介考古学最重要的部分。电影考古学趋势的形成来源于两股合力。首

---

① Jay David Bolter and Richard Grusin, *Remediation*：*Understanding New Media*（Cambridge：MIT Press，1999），p. 5.

② J. Parikka, *What is Media Archeology*？（Cambridge：Polity Press，2012），p. 5.

③ 〔美〕张正平：《论手指与物：开场白》，《文学与文化》2016年第3期。

④ Siegfried Zielinski, *Audiovisions*：*Cinema and Television as Entr'actes in History*，trans. by Gloria Custance Amsterdam（Amsterdam University Press，1999）.

先是新电影史的研究者。这种研究趋向来源于近三十年来西方早期电影史研究的进展，以汤姆·冈宁、米莲·姆汉森（Mirium Hansen）、安妮·弗莱伯格、吉丽娜·布鲁诺（Giuliana Bruno）等为代表的学者，重新理解好莱坞经典叙事电影之前的美国早期电影，用"吸引力"（attractions）、"震惊"（astonishment）、"白话现代主义"（vernacular modernism）等关键词取代叙事来理解早期电影的内容、视觉性、放映环境与放映制度等各个方面。[①] 此种研究注重电影与其他媒介之间的互动关系，在一种更广泛的视觉文化的层面上考察尚在生成过程之中的早期电影，注重考察早期电影与其观众之间的不同于后来时期的崭新关系，注重考察电影作为一种新视觉技术给早期观众带来的新的视觉经验与感官体验。埃尔赛色在《作为媒介考古学的新电影史》一文中这样说：

以声音为例，既然默片几乎从未沉默，那么为何留声机的历史没有被列为另一条支线？以及我们现在将电影理解为多媒体环境的一部分，那么作为不可或缺之技术的电话呢？无线电波、电磁场、航空史又如何呢？我们难道要摒弃巴比奇（Babbage）的差分机、塔尔伯特（Henry Fox-Talbot）的卡罗式照相法（calotypes），或达盖尔的敏化铜质底片？这些问题本身显示出我们对电影的观念——也许甚至是我们对电影的定义——发生了多大变化……[②]

在这里，作为一种试听媒介的电影远比"电影艺术"要丰富复杂得多。于是，"电影考古学"的称谓在另一种脱胎于这一早期电影研究新范式，同时又更受到媒介考古学影响的具体研究中被固定下来。曼瑙尼（L. Mannoni）、罗塞尔（D. Rossell）和克拉瑞（Jonathan Crary）等学者集中于对电影生成时期前后的媒介与技术环境进行考察，描画出一幅包括幻灯、立体视镜、走马灯和电影等各式视觉娱乐在内的19世纪下半叶的西方视觉图景。[③] 不同于传统的电影技术发展史、科技史、视觉媒介史的思路，电影考古学以"媒介"、"视觉性"和"感官经验"为问题意识，作为理论与方法，有助于我们的研究超越传统的媒介历史、视听历史、电影史的研究藩篱，在更广阔的视觉媒介、技术、装置、活动、文本、科学等的范围内，打捞那些被淹没的事物与经验，由此探究视觉、感知、经验、美学与政治。

同时，媒介考古学所勾画出的19世纪视觉媒介场域的丰富性与多重性，反过来提示我们对任何时代的同质化的媒介状况保持警惕。齐林斯基的研究经常是在两端进行工作，一端是历史上

---

① 参见 Tom Gunning, "An Aesthetics of Astonishment: Early Cinema and the (In) Credulous Spectator", *Art and Text* (1989), No. 34. Tom Gunning, "The cinema of attractions: early cinema, its spectator, and the avant-garde," in T. Elsaesser ed. , *Early Cinema: Space, Frame, Narrative* (London: British Film Institute, 1990).

② Thomas Elsaesser, "The New Film History as Media Archaeology," *Cinémas* 14, No. 2-3 (2004): 86.

③ 参见 L. Mannoni, *The Great Art of Light and Shadow: Archeology of the Cinema*, trans. by Richard Cragle (Exeter: The University of Exeter Press, 2000). D. Rossell, *Living Pictures: The Origins of the Movies* (NewYork: State University of New York Press, 1998). Jonathan Crary, *The Techniques of the Observer: On Vision and Modernity in the Nineteenth Century* (Cambridge: MIT Press, 1996).

多义的、边缘的、变化的媒介资源，另一端则是当代前沿的媒介艺术家及其作品。这两端在齐林斯基的非线性时空观中构成奇妙的耦合，过去的另类媒介文化与当下激进的媒介艺术实践形成一种亲缘关系，在媒介考古挖掘的宝藏中，包含了打破僵化同质的主流媒介形式的资源。[①] 正如冈宁在早期电影中发掘的"吸引力"质素，在好莱坞经典电影占主流之后，依然在一些先锋电影中偶现灵光，并在当下的电影大片、3D、VR 等技术中凸显出来。在当下，随着各类数字新媒体的发展，电影一方面仍在影院中吸引观众，另一方面则在各种屏幕上以各种形态出现，电脑、手机、网络视频、美术馆电影、录像艺术、监控录像、动图、PPT、手机摄影、高清、低画质……面对这种"后电影"状态，人们无法再定义什么是电影，而是将问题转换为思考"影在哪里""影在何时出现"。后电影与晚清中国的影像经验，不正形成了历史的映照？在媒介考古学的视野中，不存在固定的电影形态或任意一种媒介形态，只有媒介间的交融、流淌、变化，本文讨论中国早期电影媒介经验，不只为重塑历史，也是为开拓当下乃至想象未来。

Virtual video: early Chinese film media archaeology

Tang Hongfeng

Abstract: modern Chinese video screening needs a kind of media archaeology research. Focusing on the late Qing Dynasty Shanghai slide and film screening investigation, through a large number of newspaper materials, careful analysis of the screening situation and audience sensory acceptance, we can see that both are modern popular visual entertainment activities. Similar visual and other sensory experiences have been generated in the audience, and the visual experience of a kind of film has been developed prior to film technology. This is based on the virtual image attribute shared by slide, photography and film media, which is independent of the virtual nature of the material carrier and the essence of "absent presence". The virtual image brings about the delimitation between the film and the object. Yes, bring the audience the "true-fantasy" paradox of perceptual passion. Modern Chinese audience based on the traditional optical knowledge and practice and rich shadow devices, while shocked by the motion of the image, but also more aware of the slide and film screenings brought by the virtual and out-of-range. This investigation of modern virtual images shows the uniqueness of media archaeology, which makes the media history spatialize and salvage the possibility of the past, present and future in the gap of historical strata deposition.

Key words: Virtual image, Media archaeology, Delocalization, Absent presence, Vision, Remedium

---

① Siegfried Zielinski, *Deep Time of the Media: Toward an Archaeology of Hearing and Seeing by Technical Means* (Cambridge: MIT Press, 2008).

文化研究前沿视点

自媒体时代的影像与传播

————马纶鹏[*]

摘　要：自媒体是一种相对新的概念和实践，就像大数据和"互联网+"，任何对它的定义和诠释都必须放在特定的语境下和用发展的眼光来看。中文的影像也同样具有延展性和模糊性，比英文对应的 image 或 video 要丰富和复杂得多。本文从自媒体与影像的概念和发展延伸，探究当下自媒体时代之下全民参与的媒介现象中影像或者视觉形象起到的关键性作用。进而用网络直播的例子探讨了自媒体时代影像传播的特点和意义。文末还将自媒体时代的影像，特别是《小苹果》和《小时代》系列的传播放到美国大学文化的范式中，用中美文化比较来进一步厘清自媒体与影像之间的多元关系。

关键词：自媒体　影像　传播　跨文化

自媒体是网络时代的新宠儿，每一个网络新事物的出现，都必须要有极强的参与性、认可度、互动力和可持续发展性，而不是完全困在"象牙塔"中被学者评说，这样才能让"理论之树常青"。影像一词历史有之，可以涵盖一切媒体上呈现的视觉形象，从传统的电视、电影、摄影，到网络时代的自拍、emoji（表情符号）、小视频、在线直播都可以指涉。从这点来说，自媒体就是公众每天在跟、在玩、在追的微信、微博、QQ 和类似网络平台给我们创造的"媒体机会"；而影像就是整个社会在"视觉转向"（the visual turn）下集体刷脸和窥视的最佳表征化的方式和手段。自媒体时代之下的影像自然是无所不在、无所不能：在这个文字已然让人疲倦、沉重，偶尔也会使人感觉清新的时代，只有影像能为大多数人带来最直接的冲击和刺激。但是麦克卢汉所提出的"媒介即信息"（The Media is The Message）① 和尼尔·波兹曼所说的"娱乐至死"

＊　马纶鹏，弗吉尼亚军事学院助理教授。

①　这句话最早来源于麦克卢汉在 20 世纪 60 年代对新媒体的考察。参阅 Marshall McLuhan, *Understanding Media: The Extensions of Man*（Reprinted by MIT Press, 1994）.

（Amusing Ourselves to Death）① 中信息的萎缩和教育的缺位都不能说明影像传播、吸收、利用、变形和再创作过程中的个人能动（对应自媒体的"自"）和超媒介化（对应自媒体的"媒体"）。本文就对这些问题做一些探讨和说明。

一　自媒体与影像

学界对自媒体和影像的关系有个很大误解，最主要是认为"自媒体"这个概念来自美国学者 We Media：How Audiences are Shaping the Future of News and Information（《我们即媒体：观众如何改变新闻和信息的未来》）② 以及 We The Media：Grassroots Journalism By the People，For the People（《我们媒体：民治、民享的草根新闻》）③。其实这是非常不准确的，我们有必要从中西方不同的文化背景和媒介环境来细分。首先，"we"代表我们，并不等同于中文里的"自己"，是复数概念。其次，经过十多年的发展，特别是中国"在地化"的媒体演变，自媒体早就是带有中国特色的产物。而且自媒体时代下的影像已经无所不在，比美国学者当时判断的情形要丰富、多元和蔓延百倍。最后，美国学者强调的是受众或者用户整体对新闻产业和信息传播的改变，再也不是单向度和被动接受，这和欧美"民权""民主"的思想传统息息相关，和美国的"公民新闻运动"相联系。而中国的自媒体更强调个人，而不是群体，更偏重某个媒体平台（比如微信公众号或者直播播主）的创新意义，而不是颠覆传统传媒理念，更偏重实践可操作性和参与度，而不是简单概念化，自媒体所涵盖或者自带的影像特征更明显，更具有"不可抗力"。如有学者总结，"国外与 We Media 相关的实践基本上都在公益领域，主体是各类弱势群体的草根媒体或者公民记者；而国内的'自媒体'基本上是个商业概念，主导者是各类商业网站或者精英个体"④。另外，"博客、拍客、微博等应用的相继兴起，YouTube、优酷、酷六、土豆等视频网站不断攀升的点击量，让基于互联网实现的影像传播成为不容忽视的传媒现象。"⑤

与自媒体这个相对明晰的概念相比，新媒体则更具有包容性，外涵和内延更丰富。新媒体是指相对于纸质媒体、电子媒体等传统媒体而言的依托数字和互联网络技术向受众提供信息服务的新兴媒体。"新媒体"是个复合性概念，它为适应信息传播的网络化和全球化需求而出现。所以有学者把新媒体定义为"互动式数字化复合媒体"，美国《连线》杂志给"新媒体"下的定义

---

① Neil Postman, *Amusing Ourselves to Death*：*Public Discourse in the Age of Show Business* （ Penguin，1985）.

② Shayne Bowman，Chris Willis，*We Media*：*How Audiences are Shaping the Future of News and Information* （ The Media Center at The American Press Institute，2003），http：//www. hypergene. net/wemedia/weblog. php Accessed in December 2015.

③ Dan Gillmor，*We The Media*：*Grassroots Journalism By the People*，*For the People* （ O'Reilly Media，2006）.

④ 万小广：《"自媒体"的理念与实践再思考》，《中国记者》2014 年第 12 期。

⑤ 罗鹏：《对新媒体影像推动跨文化传播的研究》，http：//news. china. com. cn/2013 - 08/08/content_ 29661740. htm。

很简单：由所有人面向所有人进行传播（communication for all，by all）的媒体。① 新媒体下最受现代人，特别是年青一代关注且被使用最多的就是自媒体。这不仅囿于经济和环境，中高端新媒体（例如谷歌产品、网络电视、VR/虚拟现实等）难以走近年轻人，也由自媒体本身的特性决定。

在中国，自媒体经过了以博客、微博、微信和直播为代表的四次发展历程。博客是长篇大论，但是第一次给个人，特别是有号召力的公众人物，以发表言说的空间，也是传播者和受众之间互动的开始。徐静蕾、木子美等都是当时代表性人物。博客时代的自媒体特点是话题的争议性、发表的权威性、跟帖的追星度。而博客时代媒体与影像的结合并没有太密切，还是以文字为主。在那个时代，影像还是少数精英人群掌握的稀缺资源。微博和 QQ 空间则是第一次给普通人表达的平台，也是构建网络圈子和相互关注模式的肇始。这个时代每个人都是信息和情感的发布者。相对应的自媒体特点是随意性、情绪化、强调个人表达。微博中图像、影像开始逐渐流行，个人开始使用各种视觉化形象来宣传自我、关注他人和拥抱时代。而微信平台和所谓的"万能"的朋友圈的出现，更是把自媒体推到了自我营销、自我塑造、自我展示和相互关注的新阶段，而且这个"自我"和无数朋友的关联、订阅和欣赏是分不开的。网络直播是近期中国网络社会的新鲜事物，2016 年达到顶峰，所谓"中国网络直播元年"，之后不断有国家监管和资本并购与管束。个体的直播有"从随时发布到现场实时发布""从及时交流到实时互动""从个性突出到个性十足""保证最真实的用户体验"② 等特点，更是年青一代彰显自我的新宠儿，连国外学者都开始不断关注③。于是在这个自我和自我连带的媒介世界里面，影像和它代表的"视觉经济"就显得至关重要。

二　全民参与的媒介现象和影像经济

所以见面时一句"加个微信呗"或者"有没有抖音"成为最流行的打招呼方式，你躲也躲不了，逃也逃不掉。同时网络上这种"互加"和"圈粉"的社交媒体往往都是依靠图片或影像来起意，看到美女帅哥的头像，或者其一段展示视频，往往就会有无数粉丝。这在最近特别流行的网红直播模式中更是表现得淋漓尽致，然而学术界至今没有很好的理论跟进。

除了微信，还有各种自媒体平台，你写我读，我发你跟，各种自嗨和互嗨。比较流行的自媒体平台包括微信朋友圈、微信公众号、QQ 空间、今日头条、百度百家、腾讯媒体开发平台、一

① 汪頔：《新媒体对"90 后"大学生思想政治教育的新挑战》，《思想教育研究》2010 年第 1 期，第 71~74 页。
② 赵梦媛：《网络直播在我国的传播现状及其特征分析》，《西部学刊》2016 年第 8 期，第 29~32 页。
③ Luke Kelly & Yue Wang，"China's Booming Live Streaming Market Has Reached Its Zenith"，https：//www.forbes.com/sites/ljkelly/2017/09/08/the - booming - chinese - live - streaming - market - has - reached - its - zenith/#4cd825202ab3.

点资讯、搜狐媒体平台、网易自媒体、豆瓣、知乎等。根据北京师范大学新媒体中心所做的《新媒体环境下都市影像消费生态调查》来看，在2012年虽然中国居民的影像消费渠道呈现多元化趋势，但是以电视为代表的传统媒体明显衰落，以互联网为代表的新媒体兴起，同时社交网络和微博兴起为影像消费提供新的展现形式。[①]影像如今已经不完全是一种单纯的消费模式，它还包含了生产、分销、传播、包装、再利用和再次消费。所以说自媒体下的"影像经济"大行其道毫不夸张。

所有的这些都指向一个事实，就是自媒体解放了自我，完成了全民参与的设想，也让影像经济得到了最充分的发挥。作为新兴而典型的媒介现象，自媒体的出现给我们最大的启示不是在于每个人在自媒体上说了什么，怎么说，有什么样的回应，引起多大的反应和争议，而在于显示了媒介在和影像融合上最本质的力量和潜能。比如摄影者最重要的事以前是用相机来"拍摄"，从而达到私人收藏或是公共展出的目的。而现在，个人摄影者的照片大多是为了在自媒体上"上传"与"分享"。另外一个例子就是直播，有学者断言，网络直播将会无处不在，无孔不入，成为名人的"聚气地"，企业营销的"新战场"，新闻报道的"第一线"，直播带来的"随走""随看""随播"将成为常态[②]。整个社会将更加关注在社交网络和直播平台上实现"即时"的互动和自我价值。

自媒体和影像经济，可以断言，未来很长时间将占据社会主体地位，既是年轻人生活的最重要的平台，也是他们生活中最丰富的内容。这在某种程度上完成了麦克卢汉所断言的"媒介即信息"的期望，不同的是突出了视觉的主导地位和社会学意义；这也达到了波兹曼所谓的"娱乐至死"，在视听中充斥着无数喧嚣，不同的是，这里的自媒体媒介的强势和无处不在是波兹曼没能预测到的。而这两者的结合势如破竹。

先拿自媒体时代影像对麦克卢汉所提出的"媒介即信息"观念的超越来举例。麦克卢汉认为信息本身不那么重要，媒介本身才是关键，一个新兴媒介完全可以改变我们的行为和思考方式。然而麦克卢汉没有预感到的是影像的强大和无孔不入，让媒介这个相对中性和客观化的载体更加"触目可及"，生动，直观，扑面而来。从媒介和影像的发展来分析，纸质媒体，特别是报纸的出现，让处在世界各个角落的人能够阅读和共享国家的事务，形成了"想象的共同体"（imagined community），把个人生活和国家命运捆绑在一起。而电视、电影、可视电话等电子影像产品则打破了"识字"这个神话，让信息第一次用大规模的声画同步的方式进入公众视野，同时给予他们"虚拟的真实"（virtual reality），让大众传媒成为最有效的娱乐和舆情工具。如今

---

① 周星等：《新媒体环境下都市影像消费生态调查》，《现代传播（中国传媒大学学报）》2012年第8期。
② 赵梦媛：《网络直播在我国的传播现状及其特征分析》，《西部学刊》2016年第8期，第31页。

网络时代的媒介更是开放、自由、双向和多维度，影像在其中占据中心。以自媒体为代表的新媒介让每一个个体都有言说的可能，而不再是被动的受众，或者虚伪的粉丝，它让信息多元化、多源化的同时成几何指数增长，它让我们的生活"视觉化 + 原子化 + 无边际化"。当然这样的成本和危险也是很高的，你可能很容易迷失在信息和影像的时空中，也会变成总是羡慕和无助的那一个。

波兹曼所谓的"娱乐至死"主要是针对 20 世纪 70 ~ 80 年代美国大众文化——尤其是电视的普及和巨大影响——的一番论调。人们会在影像巨大的魅影和文化包围下被其信息左右，被过度娱乐化，被思维空洞化。而这种影像的魅力在自媒体时代已经不再只是单纯的传达信息，而是具备了更加直观的文化意义和社会意义。自媒体中的自我主体与影像中的个体表达形成了天然对应，达到了一种民主化和私人化的相对平衡。从历史来看，传统的大众媒体（比如报纸、广播、电视）都是集权制和集约化的：出版需要资本和资源，阅读也需要认字；广播限制于节目内容和时间安排；电视的成本曾经很高，更不可能方便携带，它们没法像智能终端支持下的自媒体一样，便捷、迅速地接触到文字和影像，它们的本质是一种"大众传播"和"盛宴模式"。传统的媒介在传播方式上更依赖于固定模式和集体传播。而如今的自媒体，却更多是"个体传播"和"快餐模式"①。

三　自媒体与影像的传播学意义

We The Media 的作者 Dan Gillmor 认为，以 "we media" 为代表的新闻媒介是 3.0，前面 1.0 和 2.0 分别是传统媒体和新媒体。② 那自媒体时代的影像传播新在哪里？其传播学意义，或推而广之，社会学意义到底在哪里？有学者指出，自媒体标志着"传播到互播"的转变，具体而言就是"传播理念的平等，传播价值的同向，传播路径的网状和传播时效的高速"③。也有学者认为，自媒体最大的特点在于节点间的"弱连带"和信息的"圈子化"，④ 也即传播个体利用自媒体平台，通过"加关注"、订阅、互粉等方式和并不十分熟悉，却也不用花太多时间和精力去维护的"朋友"形成连带关系，但这种关系的强大就基于基本信任的"圈子"的嵌套与勾连。笔者认为正是这种若即若离、非亲似友的关系，特别是体现在微信和直播上，让自媒体有了无限的

---

① 于洁：《自媒体影像的视觉表达与功能研究》，浙江农林大学硕士学位论文，2014。
② Dan Gillmor, *We The Media: Grassroots Journalism By the people, For the People* (O'Reilly Media, 2006).
③ 周晓虹：《自媒体时代：从传播到互播的转变》，《新闻界》2011 年第 6 期。
④ 代玉梅：《自媒体的传播学解读》，《新闻与传播研究》2011 年第 10 期；喻国明等：《微博：一种新传播形态的考察——影响力模型和社会性应用》，人民日报出版社，2011。

可能，或者庸俗点讲，暧昧无处不在，会心只需一刻。

此外，自媒体时代的影像和文字传播将传统的受众变成用户和传播者这一点基本得到了大家的共识①。自媒体还实现了从"巨传播到微传播"的改变，让大众传播（broadcast）发展成更加个人化、目标化和定制化的"狭窄传播"（narrowcast），当然这里的狭窄是相对的，积极意义更多。比如当下很多 90 后甚至 00 后十分痴迷的网络直播，就是定制化和个人化的"窄播"。从理论上来说，网络直播门槛很低，几乎不需要太多经济成本和审批程序，让普通人能够展示自我，只要你敢，你想，你有特点。从受众角度来看，喜欢直播的年轻人"寻求认同下的投射心理""追求现场感""满足消费心理""猎奇窥私心理"，② 通过这种窄播产生强大的互动、互粉、互联，让年轻的用户在某种程度上和主播一起变成了直播中的主体。参与性和主动性都比传统媒体下的非影像模式高很多。这就是自媒体时代影像传播最好的一个例子。

而在自媒体不断扩展的大环境下，影像传播也会呈现各种新特征。这具体体现在影像在新媒体传播的影响力、话语权和新责任上③，这对自媒体更加适用。一些学者都关心新媒体传播下的伦理冲突④，这在自媒体时代下的网络直播更有体现，很多网红，特别是年轻女性，为了点击率和在线人数，使用各种视觉和听觉的直观刺激，为直播"要和粉丝花言巧语，暧昧不断"，导致很多视频直播室直接下线。所以有学者总结网络直播平台在传播上的四个特点：主播高度媒体化；目标受众明确，黏性较强；半碎片化观看；双向互动。⑤ 但是自媒体时代影像传播深层次的一个特点就是"病毒性"和"现象化"。"病毒性"指的是某个影像会像病毒一样播发，传播多元化、多极化，往往有不可控的势头，网络流行的"papi 酱"视频，"同道大叔"图文影像等就是最好的例子。但是这些"病毒性"影像传播背后的策划、宣传、营销，甚至操作都不为一般公众所知。"病毒性"传播最直接的后果就是某种影像成为"现象级"的存在，怂恿或者绑架受众去接受或者跟风。当影像的传播在自媒体上成为一种现象，作为社会一分子的你也就不得不接受或者批判，而且这种批判往往会让现象更为彰显，这就是自媒体与影像合谋的强大与吊诡之处。

传播离不开社会。自媒体与影像这些新的传播学意义必然改变着社会结构和管理模式。所以有学者认为，自媒体的社会政治学意义在于：第一，"削弱并分享了传统媒体的媒介权力"；第二，"降低了'横向传播'与'网络结社'的成本，更有利于促成集体行动"；第

---

① 潘祥辉：《对自媒体革命的媒介社会学解读》，《当代传播》2011 年第 11 期。
② 绫蔚一：《网络直播平台受众的心理特征分析》，《新闻研究导刊》2016 年第 18 期，第 10 页。
③ 孔伟、许子曰：《新媒体影像话语在文化传播中的作用》，《艺术教育》2015 年第 10 期。
④ 比如周建青：《新媒体影像传播的伦理冲突及其影响因素研究》，《现代传播（中国传媒大学学报）》2012 年第 8 期；周建青：《新媒体影像传播主体的行为特征与社会伦理责任探析》，《中国出版》2013 年第 3 期。
⑤ 张旻：《热闹的"网红"：网络直播平台发展中的问题及对策》，《中国记者》2016 年第 5 期，第 64～65 页。

三，"克服了政治决策的封闭性与政治监督中的信息不对称"。① 还有学者观察到，自媒体还扩展了哈贝马斯定义的公共空间（public sphere）②；但笔者认为更重要的是，自媒体与影像的配合更准确的是，打破了公共空间和私人空间的界限，让私人和公共空间变得更加模糊，就像上文分析的视频网络一样。除此之外，自媒体时代影像变成"众影"，真正实现了传播的个人主义，克服了之前影像传播、制作和消费的单项度、封闭性、不对称性和潜在的话语霸权主义。

四　自媒体语境与跨文化影像

事实上，中国的每一种新兴媒体的形式都是脱胎于美国。百度是中国的 Google，优酷来自 Youtube，微博来自 Twitter，QQ 从 ICQ 中得到启发，大众点评就是美国 Yep 的翻版。然而中国这些社交媒体强大的地方在于能够适合国情，更有创新。因为笔者在美国大学教授中国文化和当地社会课程时，当我将中国的微信介绍给美国学生的时候，学生们都惊呆了——原来自媒体可以这么强大，这么撩拨，这么便捷，这的中国化和人情味。当我再把优酷、微博、QQ、淘宝等讲给美国学生听时，他们更感受到网络媒体在中国的生命力和社会影响力。同时他们的担忧也是非常有道理的：如此包容一切的媒体平台会不会是反民主，限制个人自由的？在微信和支付宝上实现的便捷的移动支付会不会造成对个人信息与银行信息的 compromise/损害？直播的意义在哪里，为什么对陌生人的日常生活出现如此"不正常"的兴趣？这样的质疑从认知程度上对中国当代略带疯狂和失常的自媒体与影像经济是一种及时的提醒。

著名电影学者法国的安德烈·巴赞曾说"冷眼旁观的镜头能够还世界以纯真的原貌"③，如果以镜头为实现方式的电影和电视强调巴赞所说的记录和还原，那么中国当下的网络自媒体时代俨然已经形成一个"自为"的世界，更像鲍德里亚说的"拟象"/simulacra，一切都围绕影像来展开：现代意义上的镜头和世界之间方式与目的、手段与意义之间的逻辑和认知方式被打破了，影像即真实，世界即影像，所有的这些存在又通过自媒体来完成赋魅和流行。自媒体时代的影像就变成了个人沟通世界最直接的方式，也是最民主、最丰富的，这在某种程度上完成了某种民间叙事和大众/个体表达，通过影像的方式，成为一个绝妙的表意媒介。当下中国年青一代不仅需

---

① 潘祥辉：《对自媒体革命的媒介社会学解读》，《当代传播》2011 年第 11 期。

② 代玉梅：《自媒体的传播学解读》，《新闻与传播研究》2011 年第 10 期。

③ 原文是 "Only the impassive lens, stripping its object of all those ways of seeing it, those piled – up preconceptions, that spiritual dust and grime with which my eyes have covered it, are able to present it in all its virginal purity to my attention and consequently to my love." 这是一个非常长的复合句，核心的意思就是"客观镜头给我纯粹感，之后给我爱意。"André Bazin, "The Ontology of the Photographic Image," *Film Quarterly*, Vol. 13, No. 4, p. 8.

要传统的知识和技能，还急需某种"视觉素养"，作为主体的他们很可能不自觉地散播"视觉污染"，而作为自媒体时代客体的他们也可能成为视觉过度消费的牺牲品。和自媒体一起成长，完成对影像的涅槃是这一代的特征。

以自媒体为代表的新媒体当然可以助力跨文化传播，在传播内容、渠道、范围、交互开放性以及便捷上都有独到的优势①。然而也有学者认为新媒体下的文化，特别是影像传播将会涉及民族/种族、身份认同和主客体交互等现实问题②。但学者们的分析多半是理论引用很多，实际应用的例子大多浮光掠影，更缺少第一手的跨文化、跨国别的观察和相应思考。本文就以"二小"作为切入点，考察自媒体语境下的影像跨文化和跨语境传播与接受：一个是流行的视频《小苹果》，另一个是电影《小时代》系列。

《小苹果》可能是当下美国社会接受中国流行音乐最好的一个范本，其 2014 年曾经在格莱美颁奖晚会上播出。中国的音乐几乎很少能登陆欧美，更别说参与到其主流文化中，流行音乐的传播向来是单向和不可逆的，都是从欧美到中国，所以在这个大背景下，《小苹果》在美国，尤其是大学中的认可和传播是值得关注的。我尝试给两个大学的美国学生播放纯音乐版本和 MV 版本，明显带有影像的 MV 更有诱惑力。美国学生能马上接受《小苹果》的 MV 的原因是多样的：流行的电子音乐节奏、熟悉的亚当与蛇的变形的宗教主题以及类似骑马舞一样的伴舞（因为之前有鸟叔《Gannan Style》的火爆）。当然这些只会造成可能流行的结果，而真正造成流行的是自媒体的推动，就是在美国 Youtube 上、手机上、网络社区上无数关于《小苹果》的讨论和跟帖，特别是与美国流行乐的比较，甚至还有翻唱。就是在这么一个自媒体和 MV 风行的语境下，《小苹果》才得以传播。

非常类似，美国学生对于《小时代》的接受几乎如出一辙：和 *Twilight* 类似的爱情与多线叙事，纠结的男女主角的情感经历，时尚与消费主导下的中国新形象，举手都是西方的品牌和产品，让他们更容易理解。然而影像传播的可能性远远超过内容本身，而是重回媒介的意义，即自媒体平台的巨大作用。因为版权原因，学生们只能在 Youtube 上看，然后 Youtube 之下的 review/评论已经是呈现"现象级"存在，喷的、赞的、拉架的、漠然的什么都有。然后学生有了兴趣就可以转发和粘贴在其他社交网络上，比如 Facebook、Twitter、Linkin、Instagram 等上面，很快就变成了"病毒"传播，而且针对特定的学生人群，效果非常明显。可惜的是美国的直播并没有中国这么发达与疯狂，否则直播《小时代》的代表性情节和装扮，一定又会是新的传播热点。

---

① 田小秋：《新媒体与我的跨文化传播》，《传媒》2013 年第 4 期。
② 肖珺：《新媒体与跨文化传播的理论脉络》，《武汉大学学报》（人文社科版）2015 年第 4 期。

结　论

　　自媒体和影像化的存在和传播已经是中国社会最大的现实：从社会学上来看，它在深刻改变着人际关系和家庭沟通，也对个体、公共组织、政府提出了很多新课题；从经济学角度分析，这是最大可能的消费升级和娱乐精神；从文化研究和媒介学的角度看，它的存在又和年轻文化、大众媒体、权力与自由、无边际传播等核心问题相联系。自媒体和影像世界对于年轻人来说，就是他们每天的生活，年轻人会和它们一起成长、成熟。"乌托邦"也好，"桃花源"也罢，自媒体与影像经济至少让我们感觉到个体的存在，哪怕只在朋友圈里面得到少数几个点赞，哪怕是每天看几个看上去无关痛痒的小视频和直播，我们已经摆脱不了这两者对我们生活的入侵。既然摆脱不了，理论就应该勇敢地迎上去，介入到实际问题中。

　　网络及其视觉盛宴给了我们无限的可能，让我们心潮澎湃的时候，往往也会用一夜赤贫来打击我们。但这就是中国不同于世界发达资本主义国家的地方，因为网络给他们的是提升，给我们的是革命。嗨起来，勇敢地扎入这股洪流，哪怕被无数种方法虐，但是在这个过程中我们会找到自我，也就是自媒体与影像世界带给你的"存在感"。

Image and communication in the era of "we media"

Ma Lunpeng

Abstract：We Media is a relatively new concept and practice, just like big data and Internet +. Any definition and interpretation of it must be seen in a specific context and perspective of development. Chinese images also have the same ductility and fuzziness, which are much richer and more complex than the corresponding image or video in English. Based on the concept and development of "We Media" and "image", this paper explores the key role of image, or visual image, in the media phenomenon of mass participation in the current "We Media" era. Furthermore, with examples of network broadcast, the paper discusses the characteristics and significance of image communication in the era of "We Media". At the end of the paper, images in the era of "we media", especially the communication of "Little Apple" and "Tiny Times" series, are put into the cultural paradigm of American universities, and the multi-relationship between "We Media" and images is further clarified by comparing China and America.

Key words：We Media, Images, Communications, Across cultures

"超级有机体"

——网络视像自主传播机制探析

祁　林[*]————————————————————————————————————

摘　要：随着技术的发展和普及，普通网民愈发可以自主参与网络传播进程，这导致了在网络空间中传播超级有机体的形成，这种情况在视觉传播过程中尤甚。视像传播的超级有机体是自我生成的，某种意义上是不可控的。在一个巨大的视像传播超级有机体中，网民既能够满足自己的传播欲望，同时也是他们以绵薄之力介入公共生活的一种手段。但也正因为如此，普通网民的网络素养以及相关的政策管理和伦理导向的水平都有待进一步提升。本文撷取了中国互联网发展历史中的几个片段来论述这一命题。

关键词：视像传播　超级有机体　网络治理

被赋予图像生产权力的人，其权力被打散、下放，弥散到千家万户中去，简言之，这是一个"视像自主生产"的时代。从某种意义上说，技术奠定了视觉传播权威性消失的基础。

在这样的时代背景下，观看体制也发生了深刻的变革。当然，观众依旧存在，也就是说，权威性的视像生产依旧有着自己的力量：一方面，"看电影、看电视、欣赏画作、观看照片"等视觉行为依旧；另一方面，影视观众、画作和照片的观赏者一旦换一个环境，即离开电影院、美术馆、展览厅之后，他们很可能转身就变成了视像的生产者。如今，每个人手中的手机既是照相机又是摄影机。他们可以随时随地制作各种形式的视像并且在互联网上进行传播。便携式、高质量的摄影机和相机其价格也越来越便宜，这些设备可以轻易地进入家庭、学校以及企事业单位，人们稍作学习和训练即可掌握这些设备。于是，视像生产和传播不再只是电视台、电影制片厂、图片社这类专业机构的事情，从理论上说，任何机构都有条件直接从事视像的生产和制作。于是，一种崭新的视像生产和观看体制就形成了。它主要包括以下三个方面的内容。

————————————————————

* 祁林，南京大学艺术学院教授。

一是视像主体动力生产机制的形成，也就是说，在视像的生产和传播过程中，人们所谓"数字主体"的价值得以实现。主体的创作欲望得到满足，用户可以制造属于自己的视觉文本。相对于前网络时代视觉文本生产和传播的复杂性和困难度，网络时代的视像生产不仅方便，而且其创作和传播的自由度大大提升。

二是主体的创作价值被认可。自主生产的视像上传至互联网，可以引发相应的回馈——被转发、评论、点赞等，这能给主体带来自我价值实现的满足感，也能因网民的普遍关注带来的"眼球效应"熔铸独特的"网络眼球经济"。

三是参与公共事务的新路径被实现。制作并在网络界面上传播自主创作的视像，是中国民众介入公共生活和公共事务的一种方法，而且这种视像制造不仅已然成为社会风尚和共识，而且它还培育了一种崭新的"视像使用机制"，这种机制整合了手机摄影（像）镜头、视像编辑制作软件、互联网、网络视像资源以及遍布社会各个空间的摄像探头等技术系统，这套技术建构的是一个庞大的视觉"超级有机体"，任何一个观看个体或单独的视觉技术都是这个有机体的一部分，换言之，任何观看个体或视觉技术一旦被卷入这个有机体，他就必须遵循该有机体的运行规则——制作视像、看视像并做出相应的判断和行为。这是一种新的视觉体制，它正以一种有效的方式改变着当下中国的信息传播生态，以及视觉文化的本质。本文将从中国互联网发展的历史中撷取几个片段来论证这一命题。

一 网络视像传播系统的自我生成

2015 年 8 月 12 日，位于天津市滨海新区天津港的瑞海公司危险品仓库发生火灾爆炸事故，造成多人遇难以及重大的经济损失。爆炸约发生在当晚 23 时 20 分，仅仅过去 6 分钟，一位网名为"小寶最爱旻旻"的网友在自己的微博上发布了第一条爆炸视频，并配上语音解释"重大火灾，爆炸声和打雷一样"，这是最早的一条关于"天津爆炸"的视频报道，人民日报官微直到零点 34 分才发布报道，所依据的消息来源还是网友"愚大象"的微博。新华社、人民网等主流数字媒体发布消息就要再晚一些。至于传统媒体，在发布新闻的时效性方面就更加落后了。

"天津爆炸"再一次证明了普通网民"随手拍"在特定时刻传递重大新闻事件的独特的重要作用。事实上，在这之前，中国社会已经经历了多起网民在互联网中上传自己拍摄的新闻素材并引发社会广泛关注的案例。比如，2008 年 11 月，网民"魑魅魍魉 2009"发帖《我无意中捡到的某市公务员出国考察费用清单》，晒出 37 张图片，全面曝光江西省新余市、浙江省温州市两个出国考察团的名单、行程费用等，引起网民关注。图片所显示的内容铁证如山，相关干部受到了相应的处分；2009 年 2 月，"央视新址大火"事件发生时，名为"加盐的手磨咖啡"的网友恰巧经过现场，并用手机拍下火场照片后立即将图片上传至天涯社区博客空间，随后搜狐网上出现第一条网友拍摄的现场大火视频，随后大量相关的现场图片和视频，以及后期被恶搞的图片和视频被网友不断上传和转发，网友们围绕央视大火相关的烟花禁放、央视大楼造价和主流媒体"失声"等问题在网上进行了广泛的讨论。

有研究者认为，这是伴随着个人信息技术的不断发展更新，新闻报道领域出现的崭新的变革趋势，即公民记者报道公民新闻，这是从主体行为的角度做出的判断和分析。事实上这种判断并不准确。因为作为传播主体的公民记者在报道新闻的时候是有着明确的自我意识的。比如美国的德拉吉和中国的周曙光等，前者率先报道美国前总统克林顿的性丑闻案，后者持续追踪中国"最牛钉子户"事件。他们在进行新闻采集和报道相关事实信息的时候都付出了巨大的耐心和努力，甚至是传统媒体记者都无法比拟的。相形之下，大多数普通网民在随手拍摄新闻素材的时候其实都不会意识到自己是个"记者"，自己正在"传播新闻"。或者说，与记者将"今天的新闻"记录下来，意欲成为"明天的历史"不同，普通人之所以要记录自己所见到的自认为或重要或好玩的事情，绝大部分情况下仅仅是为了完成一种自己对世界的"见证"行为。当然，他们也会渴望并追求这一"见证"被自己网络社区内的"圈内人"认可（比如微信朋友圈的点赞）。拍下来、传播出去——对于多数人来说，这是一种普通日常生活中的见证/分享行为。

拍摄（见证）/分享成为一种普遍存在的社会行为，且背后有着强大的社会心理的支持动因。于是，无数独立的个体用这种"共同行为"——转发和评论串起了一个网络视像传播的系统。这个系统是自我生成的，它没有一个具体的创作者，只遵循相应的网络机制，这一系统就是所谓的"超级有机体"。

二　"超级有机体"（super-organism）的视觉传播机制

普通人能够自己生产各种视像，进而通过互联网将这些视像传播出去，这背后有一整套视觉技术体系的支撑。这包括视像生产技术——几乎人手一部的带摄像、摄影探头的手机，同时也包括视像传播技术——可方便接入的有线或无线的互联网络、网络论坛、博客、微博、微信等可自由发布信息的网络社交媒体。当这些技术渗透到社会的方方面面且每一个个体可以轻易获得并使用的时候，一方面，他们因为使用这种技术而获得了相应的权力（能力）；另一方面，他们也因为集体使用这些技术而被卷入技术制定的逻辑中，进而在这种逻辑的支配下统一行动。当然，网络上有大量的自娱自乐的网民自己生产的视像，这些视像是无法获得大规模的转发和传播的。但是，当一个视像引发了社会，尤其是网络空间的普遍关注的时候，一个庞大的由技术形塑的"超级有机体"就形成并发挥出难以估量的作用。换言之，"网络视像的自主生产"其导致的各种社会影响和文化效应，并非基于网络主体的个人行为，而是由"网络主体 + 技术系统"构成的"超级有机体"自身运作的结果。

"超级有机体"的概念最初是赫伯特·斯宾塞（Erbert Spencer）提出的，它的本义是指社会进化的最高阶段。1917 年，文化人类学者克娄伯（A. L. kroeber）将它引入到人类学中来，即他将世界上各种现实物象（facts of experience）归结为 4 个层次：非有机的、有机的、精神的和超有机的（或社会文化的）。克娄伯认为文化属于第 4 个层次，是超有机的，不受较低层次物象的影响，有自身的发展规律，有独具一格的特点。所以克娄伯提出自己关于"文化"的判断——文化只能用文化来解释，不能用地理的、生物的、心理的因素来解释。进而，一个重要的判断出现了，即他认为在整个社会进程中，"个人"是无关紧要的，文化不受个体的影响，个人服从于文化逻辑的运作，即"个人或个体只有例证价值，没有历史价值"①。

克娄伯的观点难免偏颇，但他揭示了文化在发展过程中一个颇具结构主义意义的特质，即当个体被卷入某一种文化机制并成为其中一分子的时候，他会不由自主地按照文化机制的逻辑来运作。如果说，个体是作为个别的、特定的生物有机体而存在，那么，诸多的个体一起按照文化逻辑来统一行为和运作的时候，此时，就像一个有机体的机制在控制并指挥他们一样。于是，一个超级有机体就形成了。事实上，动物界也有这种"超级有机体"，比如蜂群和蚁群就是超级有机体。单个的蚂蚁和马蜂是微不足道的，但成千上万的蚂蚁和马蜂被一种神秘力量（迄今为止人类也没有弄清这种神秘力量究竟是什么）统合成群的时候，这种群体会像"有机体"一样自主做出一些行为：比如蚂蚁的有计划的迁徙行为，马蜂自动形成有等级的组织行为。人进入某一种文化后，会被该文化裹挟着做出相应的行为进而成就整个文化的"总体性"的行为。20 世纪90 年代之后商业社会来临，年轻人流行"下海"——这里面当然有个人选择的因素，更是总体性的社会文化使然——这正是文化作为超级有机体运作的结果。

我们再来看"超级有机体"是如何被传播技术塑造的。如前所述，"网络视像的自主生产"需要相应的技术系统的支持。对于使用者来说，这些技术一方面可以满足自己的需求；另一方面这些技术对于使用者来说也有相应的强制作用。比如，既有的视像会强迫主体观看——有图像在那里，人的视线就会被牵引过去。埃里希·弗罗姆用电视画面举例来说明这种强制性："当我打开电视机时，我立即看到了一个画面，我感到有一种隐约的强制力，它强烈地促使我去看"②。同样，当有视像采制工具之后，就忍不住想要去获取图像，就像罗兰·巴特说的，"摄影师的摄影行为就像猎人打猎，照相机恰似猎枪。有枪在手，主体就会被'督促'去打猎——拍一堆照

---

① A. L. Kroeber, "The Possibility of a Social Psychology," *American Journal of Sociology* Vol. XXIV（1918），pp. 633 – 650.

② 埃里希·弗罗姆:《生命之爱》，国际文化出版公司，2001，第 105 页。

片回来，就像猎人打一批猎物回来"①。所以，当技术"在手"，主体使用技术的过程反过来也是自己被技术"敦促"着完成相应行为的过程。这正是从法兰克福学派开始，诸多思想家批判的"技术异化"②。"自主视像制作"的行为也是这样，当技术将视像拍摄制作、信息发布、意见回馈凝聚成一个系统的时候，当能拍照的智能手机、图像剪辑软件、配音和字幕软件、可接入互联网的个人电脑或者 Wi-Fi 就在手边的时候，面对一个主体感兴趣的拍摄对象，主体往往是不可能不去"随手拍"并"随手上传"的。就主体行为来说，这是水到渠成的结果；就技术系统来说，这是自身逻辑运作的必然。

特别值得注意的是，上述"技术敦促"行为是在互联网内部产生的，互联网多元的传播功能和其社交网络的人际勾连功能会把使用同样技术系统的人们熔铸成一个共同体，让他们按照同一逻辑共同行事。于是，"自主视像的生产与传播"往往不是个人的孤立行为，而是集体行为。尤其是主体所生产的图像是社会普遍关心的重大新闻事件的时候，会有越来越多的主体加入到这一系统中。即千万网民会共同行动，或转发、顶帖、评论，或通知传统媒体跟进报道，或人肉搜索事件主角，总之，将视像生产的个人行为变成网络集体行为。当然，这种集体行为也可以理解为技术系统的自发行为。从系统论哲学角度来看，这种自发行为就是所谓的"涌现"（emergency）——当系统中的个体遵循简单的规则，通过局部的相互作用构成一个整体的时候，一些新的属性或者规律就会突然一下子在系统的层面诞生。涌现并不破坏单个个体的规则，但是用个体的规则却无法加以解释。当网民自主生产的某一段视像在网络上被广泛关注，这就意味着成千上万的网民开始进入视像自主生产的"超级共同体"中了，此时，视像不断被发酵般地传播呈现出该视像原创者所无法控制的局面：一方面，事件以不可思议的速度大规模地传播（通过各种网络转发来实现），同时，它将承受着网民各种各样的评论，这种评论数量之大，观点和情绪的发展方向之不可控，这是当事主体根本无法主导的；另一方面，每当到这个时候——事件已经被大规模扩散且引发社会广泛关注，传统媒体必然介入，将传播效果扩大到更加广泛的领域。而且正是因为这种介入，该视像背后的事件也极易引发包括政府在内的主导性文化的关注，进而触发更大的社会反响。

在这一系列网络行为中，最不可控的是所谓"人肉搜索"。"人肉"是一种比喻的说法，主要是用来区别传统数字搜索引擎，它主要是指通过集中许多网民的个人的技巧去搜索信息和资源的一种方式。它所利用的工具不仅包括互联网的技术搜索引擎（如百度等），更重要的是，它是要发挥一个个看似微不足道的网络用户个人的聪明才智，利用他们在日常生活中所能掌握的所有

---

① 罗兰·巴特：《明室》，文化艺术出版社，2003，第 79 页。
② 这种异化其实在互联网环境中是愈演愈烈的，比如人们在使用微信、Facebook 等社交媒体的时候对这些媒体病态的、强迫性的关注，比如很多人会忍不住隔一段时间就强迫性地检查微信朋友圈，看看是否有"更新"。

信息来进行资料搜索。人肉搜索的可怕之处在于它一旦被网络发动，就很难停止。在人肉搜索的过程中，一个网络用户疲劳了或是黔驴技穷了，更多的用户会替补上去，当事主体不知道会有多少人在网络上搜索关于自己的信息，其规模和后果都是不可控的，最终往往让当事主体的隐私都暴露无遗。

互联网是一个巨大的匿名的数字空间，视像的自主生产、传播，乃至针对特定视像的评价或对当事主体的"人肉"，网民在做这些事情的时候都是隐藏在网络背后的。此时，从伦理道德的角度看，网民更需要超越这个"超级有机体"的支配，更具一种"慎独"的意识，即认识到自己的信息传播以及其他的网络行为是一种集体行为，乃至公共行为，要有良好的公共意识。同时，针对网络视像传播中存在的相应问题，相关法律法规的管理也要跟上，这是下面我们要谈及的主要内容。

三　超级有机体、网络素养与网络治理

"自主视像生产"是数字技术赋予普通人认知世界和表达自我的一种能力，在任何国家和地区的互联网空间中都有发生。但是，它发生在改革开放背景下的中国，有着不容忽视的意义以及一些必须正视并予以解决的问题。

首先，"自主视像生产"启动进而形成了一个巨大、无形的"观看超级有机体"，这个"有机体"用自己的方式观察着世界，为所有人提供一种主流媒体之外的观看世界的角度和方式，以及更加多元化的信息。这对所有人真实准确地了解真实的社会现实是非常重要的。如果没有"自主视像生产"，民众往往只能通过官方主流媒体（电视台、电影制作公司、出版社、印刷媒体的摄影部等）看到关于我们社会的相关视像的展示，这些展示是依据主流传媒机构的价值标准完成的。"自主视像生产"则是透过普通人的眼睛和手中的视觉设备，以一种民间的、生活化的价值观判断来制作和传播相关视像信息，这是对主流媒体传播视像的一个有益补充，也是民众更充分准确地了解社会和文化的有效方式。它让民众对世界的认知更充分，认知的方式也更生动。比如在2008年奥运会的时候，我们不仅能在电视上看到中央电视台专业报道的奥运会开幕式的新闻和场景，我们还能在互联网上的各大论坛，普通人的微博、微信里看到很多主流媒体忽略的细节，比如参加开幕式的演员在鸟巢外等待时候的状态，从自家窗户拍摄的鸟巢上空绽放的焰火，在比赛场地外围武装执勤的警察的姿态等。这些"自主拍摄的视像"不仅让人们对奥运会开幕式的信息了解得更为充分，而且这些图像表达得也更加生活化。

其次，"自主视像生产"是民众介入公共事务的有效手段。我们注意到，"自主视像生产"是所谓"网络舆论监督"的重要手段，而这其中，视像的获得是关键因素。中国互联网发展历

史进程中，几次里程碑式的传播公共事件都是从"视觉分享"开始的。2008 年的"天价烟"事件①、2009 年的"林嘉祥'猥亵门'"②事件、2010 年的"我爸是李刚"③事件、"2012 年的'表叔'杨达才"④事件等在当时引发了重大社会反响的新闻事件中，网民都是通过将自己拍摄或再度编辑的图像传到网上引发舆论普遍关注后，进而有效地推动事件的查处和解决。在"我爸是李刚"的事件中，现场民众拍下了当时坐在车厢里的犯罪嫌疑人李启铭，并将现场场景迅速传上网，根据这些信息，网民广泛转发并开展人肉搜索，最终形成了广泛的舆论压力；在"天价烟"和"'表叔'杨达才"事件中，正是网民对网络上公开发表的照片进行展示和再度处理（将"天价烟"事件的当事人周久耕办公桌上的香烟图片做放大处理），进而分析这个香烟的品牌和价格，最终得出"周久耕可能贪污"的结论。同样，在"'表叔'杨达才"事件中，网民通过放大网络上公开发布的一张杨达才视察交通事故现场的照片，发现他不仅在这样一个车祸场合咧嘴笑，而且更有细心的网民发现杨达才戴了一块非常昂贵的手表。因为有这两点线索，"人肉搜索"等超级有机体的机制被激活了，网民陆续从网上搜出十几张杨达才佩戴名表的照片，基本坐实了杨达才收入与财产不符的结论，也就此促进了有关部门对杨达才的查处。在"林嘉祥'猥亵门'"事件中，网民处理和使用的是另一类网络中可以流传的视像——监控探头的录影。正是有网民将当时林嘉祥涉嫌猥亵小女孩的监控视频发到互联网上，引发了网民对视频中做出嚣张行为的林嘉祥产生厌恶感，进而启动人肉搜索，引发大规模的网络舆论风潮。

在上述案例中，网民获得的"照片"和"视频"起到了关键作用。如前所述，"自主视像生产"的主体并非职业的记者，他们不可能像专业记者那样展开采访、调查，然后做出报道，得出采访结论。也就是说，他们其实无法获得证明事实发生的第一手资料，于是，获得事件发展过程中关键的视频和画面就非常重要。因为，对于大多数人来说，画面尤其是照片和视频具有无可争议的实证性。此时，获取视像的技术以及编辑视像的技术就成为该视像背后的事件能否广泛为

---

① 2008 年 12 月，南京市江宁区房产局局长周久耕因对媒体发表"将查处低于成本价卖房的开发商"的不当言论，以及被网友人肉搜索，曝光其抽 1500 元一条的天价香烟、戴名表、开名车等问题，引起社会舆论极大关注，人送其"最牛房产局长""天价烟局长"等多个极富讽刺意义的称谓。2009 年 10 月 10 日，江苏省南京市中级人民法院作出一审判决：周久耕犯受贿罪，判处有期徒刑 11 年，没收财产人民币 120 万元，受贿所得赃款予以追缴并上交国库。

② 2008 年 10 月 29 日晚，深圳市海事局党组书记林嘉祥涉嫌在某酒店猥亵女童，现场监控视频画面被网民曝光，在社会上造成极其恶劣的影响。2008 年 11 月 3 日，交通运输部党组决定免去林嘉祥党内外职务。

③ 2010 年 10 月 16 晚 21 时 40 分许，在河北大学新区超市前，一牌照为"冀 FWE420"的黑色轿车，将两名女生撞出数米远。被撞一陈姓女生于 17 日傍晚经抢救无效死亡，另一女生重伤，经紧急治疗后，方脱离生命危险。肇事者口出狂言："有本事你们告去，我爸是李刚。"2011 年 1 月 30 日，河北省保定市李启铭交通肇事案一审宣判，李启铭被判刑 6 年。此后，这句话成为网友们嘲讽跋扈"官二代"的流行语。

④ 2012 年 8 月 26 日，陕西省安全生产监督管理局局长杨达才在延安交通事故现场，因面含微笑被人拍照上网，引发争议。后以该照片为线索，网友通过人肉搜索发现杨达才有多块名表，并不断在网络上曝光。杨达才后被调查并受到党纪和司法处理。

人关注的重要前提。一旦这个前提获得，相关视像就能引发网络舆论的普遍关注，进而将相关的事件变成公共事件，进而促使事件有效解决。从这个意义上来看，网民具有"自主视像生产"的能力具有两点积极作用。首先，它对公务人员乃至所有的公共服务人员的日常施政行为和服务行为以及他们的公共形象建设有着积极的意义。"视像超级有机体"导致的无比庞大的观看体系全方位、无死角地监看着这个事件的进程，这背后的视觉舆论监督和网络舆论监督其深度和广度都要大大超越传统类型的舆论监督。其次，这对于传统新闻媒体的变革也是有着积极的促进意义。自主视像生产所引发的视觉舆论监督以及对后续新闻报道的跟进，这颠覆了传统新闻媒体"找选题——调查采访——新闻文本制作——传播"的工作模式，它一方面敦促新闻工作者要关注更加微观的生活细节，尤其是网络世界的新闻线索；另一方面也敦促他们要增强自己的网络技术素养，利用网络资源，尤其是网络信息资源优化自己的新闻采访工作。

不过，自主视像生产也带来了一系列需要解决的不容忽视的问题。首先，由于网络自主视像生产的主体大都是普通网民，没有受过专业的新闻报道规范的训练，如果再夹杂"煽情""猎奇"等不良目的，就会导致某些自主视像生产变成虚假新闻报道或者谣言，不仅不能起到扩大民众认知、增长见识、促进公共事件解决的目的，而且还会因为混淆视听造成混乱，妨碍社会的正常秩序。2009 年，在"杭州飙车案"即广为人知的"70 码事件"中，在最后的庭审环节中，湖北省鄂州市无业人员熊忠俊在没有任何证据的情况下在天涯上发布了《荒唐，受审的飙车案主犯"胡斌"竟是替身》一文，随后又发表了多篇文章，编造各种"证据"，炒作当时出庭受审的犯罪嫌疑人是"替身"。同时，还发布了一系列当晚肇事时的胡斌和上庭时的胡斌的五官的细节对比图。熊忠俊的这一行为引发了当时舆论的混乱，司法机构声誉受损，某种意义上干扰了法庭审判的公正性。类似的事件日后时有发生。2016 年 7 月 20 日凌晨，河北省邢台市大贤村七里河河水暴涨漫堤，致全村被大水淹没，村民生命和财产受到严重威胁。水灾发生后，网络上出现一些谣言帖子，谎称此次水灾是因为七里河上游开闸泄洪，政府通知不及时，方才造成村民人员伤亡和财产损失，并配了一些图片，指称这是村民因自己的居住地被泄洪而心生愤怒进而到上级机关上访。这一谣言也引发了舆论的混乱以及当地民众对政府的不信任和怨言。这证明了自主视像生产也带来了相应的舆论乱象乃至社会混乱。

在此，笔者认为，要从两个方面引导和应对自主视像生产引发的社会影响，换言之，我们要特别重视培养网络素养中的两种类型的素养。第一，提升民众的网络视觉素养。作为一个有责任的社会公民，当他看到一些他所认为是重要的事件或现象的时候，如果有必备的技术条件支持，他是有责任将其摄录、制作并传播上网的。如果说，传统新闻媒体是所谓的"社会雷达"，那么新媒体时代，我们每个人借助视觉技术和新媒体技术都有能力成为一个个小到区域的或微观层面的"社会雷达"，作为社会的一分子，我们有责任观察、了解甚至监测相应的社会进程，为整个社会趋利避害、惩恶扬善做出自己应有的贡献。但同样作为一个有责任的社会公民，我们也必须明白"自主视像传播"虽然号称"自主"，但事实上并不只是个人的事情，因为这种传播会借助互联网形成大众传播的规模。所以，在进行相应的视频自主传播的时候，传播主体要有一定的公共意识，即要有一定的作为大众传播者的担当和责任，如注意传播的真实性、客观性，以及保护被传播者的隐私等。第二，对于网络文化的管理者来说必须有一个清醒的认知，即当他面对一个有大量网民加入的"自主视像传播"事件的时候，他不是在面对一个人或一群人，他是在面对一个"超级有机体"的体制，这个体制有其自身独立的体制、力量以及运行法则，他必须要了解并顺应这个体制的运行法则（比如"人肉搜索"的机制、网络舆论生态以及生成的机制），用"顺应规律"而非"管理人"的心态和理念去面对自主视像生产所引发的种种现象和后果，合理调动现实生活中的种种法律、道德、政策、行政等手段和力量，引导和营造健康的网络文化和视觉文化的环境。

"Super organism"

—an analysis of the self-propagation mechanism of network video

Qi Lin

Abstract：With the development and popularization of technology, ordinary Internet users are more and more able to participate in the process of network communication, which leads to the formation of super organisms in the network space, especially in the process of visual communication. The superorganism of video transmission is self-generating and in a sense uncontrollable. In a huge super organism of video communication, netizens can not only satisfy their desire for communication, but also serve as a means for them to intervene in public life with their modest efforts. However, because of this, the Internet literacy of ordinary netizens and the level of relevant policy management and ethical guidance need to be further improved. This article has extracted the several fragment of Chinese Internet development history to discuss this proposition.

Key words：Video transmission, Super organism, Network governance

隐匿的"非法正义"：网络舆论暴力的形成机制探析[*]

张楚越[**]

摘　要： 网络技术的发展重塑了人们的认知模式与行为框架，在某种程度上亦使风险沟通的不稳定性嵌入媒介逻辑之中。社会舆论暴力以新兴的媒介技术手段为依托延伸至网络，并以其突发性、群体性和非理性的特征共同影响着网络生态的平衡与秩序，改变着社会权力结构与格局。本文试图在社会学、政治学、信息传播机制等交叉理论视域内，探讨网络舆论暴力现象的基本规律与形成机制并为该现象的产生与发展做出解释和参照。

关键词： 隐匿　风险沟通　网络舆论　舆论暴力

一　网络舆论暴力的内涵与本质

网络舆论现象一般是基于正义与愤慨的群体行为，并以监督、声讨、谴责等方式表现出来。其含义并非完全消极负面而是中性的，带有一定积极性和正义感的社会现象。本文的网络舆论暴力指的是在一定时期内网络环境下的群体在对某一事件表达观点、态度、情绪的过程中所形成的较为一致的非理性意见，并产生对当事人造成侵权与伤害事实的群体行为。可见，网络舆论是网民对社会事件的观点态度的表达与维护社会公平正义的手段，但倘若以维护"公平正义"的名义对当事人的权利进行侵犯则是在以行"道义"为名而行"暴力"之实。由此，网络舆论便演化为网络舆论暴力的层面并将对社会稳定与和谐产生诸多不宜。网络舆论暴力的危害在于其游走于法律层面和道德层面之间，最主要的是其区别于法律暴力故意追求受害人伤亡结果的目的性，而带有明显的群体娱乐属性或旁观者的看客心理。

所以，在网络舆论暴力事件中，舆论的走向会因为群体娱乐属性与单纯维护正义等因素而发

---

[*] 本文为国家社科基金项目"社会底层青年群体心理极化的传媒干预研究"的阶段性成果（项目编号：16BXW002）。
[**] 张楚越，江西师范大学科技学院传媒学院助教，zhchuyue@126.com.

生转向，继而出现网络人肉搜索、公布个人隐私、网络暴力谩骂、现实人身攻击等现象，给被害人造成无形的舆论压力与心理压力。可见，网络舆论暴力言论已超越了正常理性的红线，不仅在虚拟空间对当事人进行道德审判还将网络世界的处罚延伸至现实生活中。托克维尔认为，"民主社会的确存在着少数人以多数人的名义去行使暴政和实行专制统治的可能性。"[①] 互联网的发展则为这种"多数暴政"的可能性提供了诸多便利，从而使得网络世界亦呈现出独有的专制形态。至此，网络舆论暴力本质上是社会舆论暴力在网络空间的反映，其依托网络技术为手段彰显了社会群体的非理性互动结果。

二 网络舆论暴力现象的形成要素

（一）边界冲突激化对立立场

边界是区分行为主体国家、地域、群体、身份以防止其越界的标识，是维护社会稳定、和谐、有序的准绳。它的形成是特定环境下的资源竞争与分配的结果，且基于共同的群体意识与自我认同。边界形成的必要性和重要性在于能保证群体自身态度、行为、认知的可参照性，降低群体面对变化时产生的失序、无措和焦虑。一般而言，在意象上群体冲突的边界无形之中将阵营划分为拥有相互对立立场的两极。

蒂利认为："边界激活机制指从众多的身份中挑选出两种相反的身份，而这种'我们'—'他们'边界的激活经常促进伤害性的互动。"[②] 互联网的出现推动了这一机制的变革：一方面，互联网打破了时空地域的束缚为网络群体的分化与重组缔造了更为复杂多元的网络传播格局。另一方面，此时的信息与用户在网络空间获得了极大的自由，并伴随着风险和冲突的注入增强了群体极化与冲突的可能性。

（二）身份隐匿凸显个体淹没

拟态环境中具有的虚拟性、匿名性、开放性等特点促成了网络个体最主要的特征——匿名身份，这对监督体系与监管制度的效用发出了挑战。基于网络环境下的传播者身份难以辨别和确认，这也为个体行为和思想的解放提供了助力。"互联网真正带来的不仅仅是匿名，更重要的是网民可以实现角色、身份等的自由选择与转换。"[③] 匿名身份的网络主体超脱了现实环境中交往

---

① 熊光清：《中国网络民主中的多数暴政问题分析》，《社会科学》2011 年第 3 期。
② 查尔斯·蒂利：《集体暴力的政治》，上海世纪出版集团，2006，第 20 页。
③ 匡文波：《网民分析》，北京大学出版社，2003，第 28 页。

互动的压力，凭借匿名身份在网络环境中将言论自由发挥到极限。

此外，网络舆论暴力中网络个体的行为和思想集中表现为个性化行为与放纵式心理。而在这种情况下出现了微妙的现象：一方面，网络个体的整个行为表现中所带有的强烈的个性化特征贯穿网络事件的始末；另一方面，网络个体常以一种被同化的状态淹没于群体之中，呈现出个体的"去个性化状态"。而此种状态下，个体所要承担的责任便得以被分散和消化最终出现个体的自我评价意识与个体责任感的淡化和降低等现象，而此种个体状态的聚合便成为一种集体无意识的洪流。

（三）娱乐框架烘托看客心理

传统媒体时期，民众的表达诉求受到了渠道、道德、技术等因素的多方限制。民众的话语权受到压制的同时，也长期面临着信息接收的被动局面。网络技术的革新扭转了民众因话语权缺失所致的话语压抑，却在媒介技术逻辑与群体娱乐化框架下产生了诸多不适。伴随着诘问、质疑与批判而出现的戏谑、调侃与谩骂等话语形态，社会情绪裹挟着群体意见开始呈现出非理性以及娱乐化的特质。"社会情绪能够通过新媒体等网络介质迅速传播，在网上，相互交织的社会情绪经历了一系列衔接、碰撞及交融的叙事过程，这是一种新媒体时代下用户自我主导的情绪扩散形式"。①

所以，网络舆论暴力在一定程度上带有明显的群体娱乐属性。基于娱乐化的心理与表达展现出的是对网络文化形态以及舆论事件要素的颠覆和抵抗，也是当代社会文化娱乐化的结果。其力图打破社会主流话语规范，质疑并颠覆历史文化规律下所形成的意识形态。网络舆论暴力事件的发生可能仅仅基于网络群体维护公平和道德的正义感，以及并未考虑过自身行为所致后果的即时激情；抑或是基于一种幸灾乐祸和唯恐天下不乱的看客心理，目的在于从当事人惨痛的经历和网络空间中的话语博弈与对抗中找寻到心理满足与乐趣。网络空间的看客心理少了的是鲁迅笔下的冷漠，多了的是对悲剧的戏谑和调侃。与此同时，网络时代信息更迭的速度加快了事件的被覆盖频率与被遗忘率，悲剧也变得较以前让人们更容易接受。

（四）"多数暴政"助推群体极化

托克维尔认为，"民主政治的本质，在于多数对政府的统治是绝对的，因为在民主制度下谁也对抗不了多数。"② 互联网的诞生，使得这种"多数暴政"从社会暴虐走向虚拟空间，自媒体、

---

① 李春雷、雷少杰：《突发群体性事件后情绪传播机制研究》，《现代传播》2016 年第 6 期，第 61～66 页。
② 托克维尔：《论美国的民主》，董果良译，商务印书馆，1988，第 282 页。

BBS、网络社区等社交空间逐渐成为社会舆论与网络暴力事件的集散地。于此，个体融入多数的群体产生的安全感使其倾向于放纵自身行为以及降低道德标准。法难责众的现象在网络中更是变成法不责众，网络空间也因极大的言论自由而成为"观点的自由市场"。

基于此，网络空间自身环境的复杂性以及其所容纳吸附的内容与人员的多元化，皆加剧了社会议题的新闻价值属性，网络空间对事件的孵化与培育功能更为显著。虽然，网络赋予了个体极度空前的自由表达权利，但在群体讨论过程中所出现的趋同观点的不断被强化的极化现象也更加凸显。如此，来自网络空间的暴虐在某种层面上来看更为残酷，因为无形的利箭对生活细节的穿透能力更强，奴役人们灵魂的同时亦让人难以逃避。

三　网络舆论暴力的模型建构

依据以上网络舆论暴力的成因，其形成机制与传播规律呈现出多边聚合的传播效应，如图 1 所示。

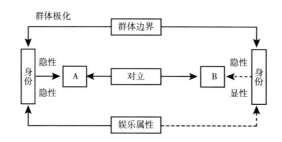

图 1　网络舆论暴力形成机制

此图适用于网络舆论暴力的两种对抗形态：一是舆论双方各成一派，各自为战的对抗类型；一是舆论双方人数出现明显多寡之分，即多对一的舆论暴力形态。

其间，网络舆论暴力的形成经历了伏笔、起势、攀升、高潮以及衰退的阶段。第一阶段：事态不明朗期确定的群体边界感，使得网民初步产生对立情绪，由此分化为 A、B 两个阵营，为网络舆论的兴起埋下伏笔。第二阶段：一是网络的匿名性使得网民身份得以隐匿，网络个体逐渐呈现"去个性化"特质，为网络言论的自由和解放起势；二是网络事件中的当事人 B 的显性身份将使其遭受到更多的群体对立情绪，以及线上线下暴力所带来的压力。第三阶段：一是基于群体的娱乐属性，网络舆论暴力的演化程度开始攀升；二是网络事件中的当事人 B 遭受到更为强烈的戏谑、调侃与谩骂。第四阶段：事件中的舆论在此阶段聚拢，占据多数人的强势观点从博弈中脱颖而出，群体极化使网络舆论暴力最终达到巅峰状态。第五阶段：强势意见群体完成心理满足，网络舆论暴力逐渐消散与平息。

网络舆论暴力的形成与发展具有明显的群体属性，是一个经历了群体意见的交换与博弈的过程。其间，"以生活感受形成的共情为纽带的情绪传播网络，借助新媒介载体，让社会各个阶层的公众就彼此都面对的某一社会议题的情绪汇聚在一起，形成'社会情绪共同体'"。① 由此，利益群体间的话语争夺与冲突较量以网络技术的方式得以连接与聚合，形成的网络舆论意见分布状态则依据事件的发展走向与群际情绪的转向呈现出开放与协同、风险与争议、流动与自愈的自演化机制。至此，对立情绪与群体价值裹挟着诘问与质疑、揣测与攻击、监督与妥协在网络场域下交织碰撞，引发网络舆论的涨落与质变。

四　结语

互联网的出现使信息传播突破了传统媒体风险管控的权力逻辑，也为网络舆论暴力的存在提供了一个博弈的机会空间。于此，网络场域下的利益群体展开多方话语的博弈与角逐，并由此促成新的价值秩序的位移与重构。一方面，网络舆论暴力自身所携带的强烈的社会情绪掩盖了其非法性与不正当性的存在。其本质是社会矛盾与社会戾气在网络空间的凸显，也是信息技术推动社会场景、媒介逻辑与群际情绪产生的变化的结果。另一方面，网络身份的隐匿规避了网络主体的话语风险，网络环境给予群体身份庇佑的同时亦赋予了群体行使"多数暴政"的权力。并促使话语表达出对舆论事件中复杂因素的批判、对抗与消解，建构了一种非平衡状态下的网络话语形态。网络舆论暴力以其所拥有的突发性、群体性、非理性等特征，共同影响着网络生态的平衡与秩序，改变着社会权力的结构与格局。如此，加强网络监管、提升媒介素养与完善法律法规等是当下纾解网络舆论暴力的应然之举。

Hidden illegal justice：an analysis of the formation mechanism of network public opinion violence

Zhang Chuyue

Abstract：The development of network technology has remolded people's cognitive pattern and behavioral

---

① 李春雷、姚群：《"情绪背景"下的谣言传播研究》，《广州大学学报》2018 年第 10 期。

媒介文化研究（2019 年第一辑）

framework, leading to the instability of risk communication embedding in the media logic to an extent. The social public opinion violence extends to the network with the support of emerging media technology. With the characteristics of burstiness, groupment and irrationality, it affects the balance and order of the network ecology and changes the structure and pattern of social power. From the multiple perspective of sociology, politics, information transmission mechanism and other crossing theories, this paper attempts to explore the basic law and formation mechanism of Internet public opinion violence phenomenon, thus making explanations and providing references for the emergence and development of this phenomenon.

Key words：The hidden, Risk communication, Network public opinion, Violence by public opinion

媒介与流行文化

《灌篮高手》粉丝记忆的建构策略

陈　霖　唐珊珊[*]

摘　要：《灌篮高手》的粉丝群作为一个典型的亚文化群体，其文化实践的重要构成部分是对记忆的建构。粉丝利用媒介空间中的资源进行记忆建构，包括通过交互记忆书写集体记忆，借助周边产品进行展演实践来强化和延伸记忆，积极参与对原文本的二次创作来生产新的文本，形成记忆的序列，拓展记忆的边界。粉丝群体的记忆建构行为意味着其在碎片化社会里竭力明确自我，建构身份认同，并以此寻找现实社会缺乏的理想化本真，弥合现实与理想之间的裂痕，获得精神世界的完满。

关键词：《灌篮高手》　粉丝记忆　建构策略　媒介空间

引　言

《灌篮高手》是日本漫画家井上雄彦以高中篮球为题材的少年漫画，在漫画杂志《周刊少年JUMP》1990 年 42 号~1996 年 27 号上连载，大约在开启连载的第三年，东映动画开始制作动画版，并于 1993 年 10 月 16 日至 1996 年 3 月 23 日在朝日电视台首播。《灌篮高手》动画版全 101话，在当时获得了最高 21.4%、平均 15.3% 的高收视率[①]。在中国，《灌篮高手》动漫（动画和漫画的简称）通过台湾和香港传入大陆，第一代粉丝的最初记忆也由港译和台译动漫组成。由于题材选择、故事讲述和人物刻画贴合现实情境，其讲述成长与收获的叙事主题更使得受众感同身受，再加上高水平的分镜和绘画技巧，《灌篮高手》成为粉丝心目中的经典之作。除此之外，《灌篮高手》结局以主角队打败豪强队成为"无冕之王"后因后劲不足惨败收尾，升华主题——"青春是不完美的"，给正在经历青春期阶段的粉丝心中留下了不可磨灭的印记。距离《灌篮高

---

* 陈霖，苏州大学传媒学院教授，博士生导师；唐珊珊，苏州大学传媒学院 2015 级硕士研究生。

① 《动漫历代最高收视率》，http：//1st. geocities. jp/june_ 2007_ taste/saikou. html。

手》宣告完结已经过去了 22 年的时间，但它的生命力依然在粉丝有意无意地记忆建构中生生不息。在这一段在社会学上可以称得上"代"的时间跨度中，最年长的粉丝历经了改革开放的 80 年代、经济蓬勃的 90 年代、计算机普及的千禧之年和现在信息拥堵的网络媒介时代，最年幼的粉丝则伴随着最丰厚的成长红利出生。在这样充满差异性的粉丝结构中，却有着属于所有粉丝们的共同的记忆，那么，不同主体之间在媒介空间中是如何建构记忆的？记忆在他们的建构下呈现出了什么样的变化和意义？

在中文语境中，"粉丝"既可以指代个体，也可以指代群体，因此，"粉丝"一词包含着个体与群体的互动关系。那么，当它与"记忆"联系在一起，就与集体记忆有关。"集体记忆不是一个既定的概念，而是一个社会建构的概念。"① 在这里，集体记忆被赋予了可建构的属性，它在群体互动关系中发生。而且，对群体来说，"不同群体的独特存在可以通过集体记忆来表征，并通过集体记忆的建构和传承来训练群体成员，使群体得以延续和发展"②。以此可知，集体记忆可以定位群体的身份和位置。粉丝是一个具有流动性和易变性的趣缘群体，根据所粉的对象和所属的群体，可以拥有不止一种集体记忆；在粉丝的日常活动中，不断被建构的记忆最终凝结为粉丝的文化记忆。

粉丝记忆作为个体和群体对外界能动反应的产物，它不仅仅与集体记忆有关，还关乎社会记忆和文化记忆的多个方面。保罗·康纳顿（Paul Connerton）将记忆的主体从群体上升到了社会，社会记忆的建构基于社会需要和各种力量的博弈，而如何保持和传承社会记忆，他提出两个重要方式，即"纪念仪式"（commemorative ceremonies）和"身体习惯"（bodily practices）③。仪式是一种操演语言，而仪式是通过身体展演表现出来，因此社会记忆本质上是通过身体实践来保持和传承的。这就提醒了我们关注粉丝记忆主体的展演实践在其记忆建构中的重要性。

扬·阿斯曼（Jan Assmann）在哈布瓦赫集体记忆研究的基础上，区分了集体记忆的两种形式——交往记忆和文化记忆。并进一步将"文化记忆"定义为"指所有通过一个社会的互动框架指导行为和经验的知识，都是在反复进行的社会实践中一代代地获得知识"④。文化记忆的概念强调了将那些共同的、普遍的东西从日常的具体事物中抽离出来，以成为一种群体的共同准则和约束力。粉丝作为一个具有很高的辨识度的文化群体，其集体记忆理所当然地具有文化记忆的特点——具有对某个群体来说凝固身份的作用，具有重新被建构出来的能力，具有一种稳定的形

---

① 莫里斯·哈布瓦赫：《论集体记忆·导论》，毕然、郭金华译，上海人民出版社，2000，第 40 页。
② 张庆园：《传播视野下的集体记忆建构》，中国社会科学出版社，2016，第 10 页。
③ 保罗·康纳顿：《社会如何记忆》，纳日碧力戈译，上海人民出版社，2000，第 1 页。
④ 简·奥斯曼：《集体记忆与文化记忆》，陶东风译，《文化研究》第 11 辑。

构而传承其意义和共享知识的能力，等等①。

粉丝记忆通过各种形式的互动得以生成流动，在日常生活实践中得以强化。这看似与文化记忆无关，且似乎更倾向于注重群体日常交往的"交往记忆"定义，然而实际上，从宗教崇拜发端而来的粉丝文化内核早已历经时间的考验，长存数千年。阿斯曼曾对两种记忆形式间的根本不同做出总结，他认为交往记忆是通过人脑记忆中的鲜活回忆、亲身经历和据他人转述的内容作为媒介表现出来；文化记忆则是通过被固定下来的客观外物，以文字、图像、舞蹈等进行的传统的、象征性的编码及展演作为媒介显现②。从对比可以看出，记忆内容是否凝结在实物媒介上成为分析两者差异的要点所在。粉丝记忆建构过程是一种交往记忆和文化记忆的复杂交织，既有与群体互动交往进行记忆建构的行为，又有利用符号实体进行仪式化展演的行为。追问这种记忆形式交织的背后原因，我们会发现它与粉丝文化所属的流行文化有关。流行文化既带有从主流传统文化内核中无法剥离的气息，又有自身那种流动性、碎片化、易变性的特点。这使得粉丝记忆建构在前者的影响下，表现出了"一种借助仪式和文本的内在一致性来建立群体身份的连接结构"③，后者则让粉丝记忆建构呈现出多样性和丰富性。因此，我们可以认为粉丝记忆是一种文化记忆，它具有可以反复使用的粉丝文本、充满意义的意象系统和仪式系统，服务于自我形象的传达，保证和延续身份认同。

在网络媒介时代，记忆建构呈现出去中心化、多元化的趋势。甚至有学者认为在媒介技术的加持下，媒介记忆将成为个人记忆的好助手，人类可以通过媒介记忆来建构全球记忆空间④。然而，媒介记忆固然会使个体记忆建构获益，但同时也具有造成个体失忆的风险，而能够对抗风险的办法之一就是将被动接受媒介记忆化为主动利用媒介来强化个体记忆。对粉丝来说，毫无疑问的是，只有与自身成长和认知紧密关联的记忆才能够在时间的长河中长存。而粉丝记忆的建构与以往学者考察的集体记忆是在传统媒体形塑的基础上建立起来所不同的是，记忆建构的主体在媒介技术的赋权下，其能动性更加突出、建构的形式更加多样化。如此一来，记忆建构在粉丝的积极参与下，其边界拓展速度在加快，内容更加立体、丰富，展现的意义也更加富有层次和多元。

那么，如此丰富多彩的粉丝记忆在数字媒介时代如何建构起来，且粉丝的身份认同在此过程中如何被表征出来，就成为非常值得关注的问题。为此，我们选择日本动漫《灌篮高手》的粉丝记忆为研究对象，力图通过分析粉丝在媒介空间中记忆建构的策略，来考察粉丝主体间互动所

---

① 杨俊建：《集体记忆中的生成性记忆和固化形式记忆》，《武汉科技大学学报》2017年第3期。

② 扬·阿斯曼：《文化记忆：早期高级文化中的文字、回忆和政治身份》，金寿福、黄晓晨译，北京大学出版社，2016，第51页。

③ 赵静蓉：《文化记忆与身份认同·导论》，生活·读书·新知三联书店，2015，第16页。

④ 邵鹏：《媒介作为人类记忆的研究》，浙江大学博士学位论文，2014。

产生的意义。

本文对《灌篮高手》粉丝记忆建构的策略的探讨，将基于对粉丝在媒介空间中的实践活动的考察。主要包括三个方面：粉丝群体在媒介社区中的问答协作、借助周边产品的展演和粉丝的二次创作。在本研究中，上述三个方面的经验材料也被称为记忆文本，笔者据以剖析粉丝在与群体互动、"物"符号互动以及原文本互动过程中，如何编织和利用这些文本来进行记忆建构，这些行为又给粉丝记忆带来了什么。

一　在共享和合作中书写记忆

二十世纪八十年代，科学家们就提出了"交互记忆"的概念。最早从事人人交互记忆和分享记忆研究工作的美国哈佛大学心理学家丹尼尔·韦格纳（Daniel M. Wegner）认为所谓交互记忆，是指不同知识领域的信息进行编码、储存、检索和交流活动以及共享知识的劳动分工，它通常是在人们亲密关系的基础上发展起来的[①]。他提出当由两个或两个以上的个体组成的团体经过长时间一起工作生活之后，他们之间会分享存储的记忆。简单来说，就是其中一个人可以把一条信息让另外一人保存，并在必要的时候通过向后者询问的方式获得这部分信息[②]。

人类是依靠日常生活中与人交往确定自己在社会结构中的位置和身份，社交是人作为人不可缺少的一部分。在社会分工的基础上，人们摸索出高效率的记忆方式，即将需要记住信息在社交过程中分散复制给他人帮助记忆，然而如何才能发挥出交互记忆的最大效率，又关系到后来学者对交互记忆效果提出来的三个评价指标：专业性、协调性、可信性[③]。专业性要求团队中的每一位成员都具有一部分团队所需的领域知识并对此负责；协调性要求成员之间相互理解，相互配合完成团队目标；可信性则要求成员具备精确的专业知识。

当团队具备这三个要素，交互记忆就成为一种简便且高效率的记忆方式。例如，你可能在记不住自己去年买的衣服在哪里时，问一下昨天帮你整理衣柜的妈妈就知道了。交互记忆注重组织内部的协作、共享与交流，可以免去重复记忆的烦琐，但是必须建立在对方对这件事情的熟悉程度之上。在人人交互记忆网络之下，人们的记忆是互相依赖的，其中一方将另一方作为自己的记忆帮手。这种记忆方式提高了个体对信息的处理能力，试想，一个问题出现时，你只需要求助身

---

① 邵鹏：《媒介记忆与个人记忆的建构与博弈》，《当代传播》2012 年第 4 期。

② Daniel M. Wegner et al., "Cognitive interdependence in close relationships," in W. J. Ickes, eds., *Compatible and incompatible relationships* (New York: Springer‐Verlag, 1985), p. 253.

③ Ilgen et al., "Teams in organizations: From I‐P‐O Models to IMOI models," *Annual Review of Psychology* 56 (2005): 517‐543.

边的帮手，而不需要千方百计去从头搜集信息即可获取答案是多么事半功倍。

随着社会的发展，信息流动的无休无止不仅带来了无数转瞬即逝的记忆资源，还改变了人们对信息和记忆的处理模式。人人交互记忆在互联网的裹挟下逐渐演化成人与电脑的交互记忆，互联网成为交互记忆系统中一个组成部分的重要性日益凸显。网络等于人人交互记忆中的"记忆帮手"角色，但和作为人的"记忆帮手"不同的是，人的"记忆帮手"可以帮忙的对象和帮助储存的记忆均有限，网络媒介却可以储存每个人的记忆。那么，在这个意义上讲，人机交互记忆是否又是更广泛意义上的人人交互记忆？

对于早已习惯借助电脑搜索引擎解决问题的人来说，网络上的各种专业网站、技术社区以及社交交流平台充斥的信息可以填补自己的记忆空隙，弥补个体记忆的不足。这种人人记忆到人机记忆的记忆交互系统的变化对粉丝文化尤其是粉丝的记忆建构具有深远的影响，因为单凭个体的学识、能力和经验，并不能知晓所有领域的知识，此刻就需要充分利用身边的人或物来获取自身并不具备的知识储备。法国数字文化理论家皮埃尔·莱维（Pierre Lévy）将之称为"集体智慧"：我们当中没有人可以无所不知；但是我们每个人都有所知；如果我们把各自的资源集中在一起，把分散于个人的技能结合在一起，我们对于世界的了解就会更加全面。[①]

"集体智慧"在网络虚拟社区空间中被表现得淋漓尽致，在记忆的话语环境下，通过网络，贡献集体智慧的人们形成了一个集体性的交互记忆机制。以往一个人解决不了或者不理解的事，将之提问至社区空间后，对问题有兴趣的群体可以集思广益共同完成。通过对同一问题的智力活动和情感投入，群体成员的关系得到强化。虽然对问题进行智力贡献的群体成员可能并不属于同一个话题社区，但是正是因为不同话题社区之间通过成员贡献的共同成果和互惠的交流才得以紧密联系在一起。

《灌篮高手》的粉丝分布在各种各样的虚拟社区空间中，将与同好谈论记忆中的《灌篮高手》作为自己的日常生活方式。以"灌篮高手"知乎话题组为例，粉丝在这里通过提问和阅读来完善自己对于《灌篮高手》的记忆。知乎官方资料显示，知乎社区于 2011 年 1 月 25 日运营，此后经过多次改版和维护，截至 2017 年 9 月，个人注册用户总数超过 1 亿人，日活跃用户量达 2600 万人，人均日访问时长 1 小时，月浏览量 180 亿次。而"灌篮高手"话题几乎与知乎同时出现，同年 1 月 28 日 13 时 09 分 47 秒，知乎用户"Milo"创建了"灌篮高手"话题，六年来，话题经过 27 名用户的无数次编辑，最近一次修改是 2017 年 8 月 31 日，用户"蔡蔚"撤销了上一名编辑者编辑的信息在该话题后加入"（电影）"的信息，形成了现在"灌篮高手"的话题形态。知乎"灌篮高手"话题页面显示，有 336294 个关注，1098 个问题，637 条精彩内容。正是

---

① 亨利·詹金斯：《融合文化：新媒体和旧媒体的冲突地带》，杜永明译，商务印书馆，2015，第 32 页。

这些粉丝或者普通用户为话题投入的关注和情感，使之成为承载一代人青春记忆的记忆场。于是在"灌篮高手"—动态—精华—等待回答的话题结构下，粉丝或普通成员可以提出相关问题或对相关问题进行回答，在网络空间中借助交互记忆，书写完善自己对《灌篮高手》的回忆，进而勾勒出集体记忆。可以说，知乎"灌篮高手"话题社区在"脱域"机制下形成了虚拟的记忆之场。

笔者通过观察发现"灌篮高手"话题下分为"动态""精华""等待回答"的标签，每个标签对应相关问题及回答状态，不仅如此，用户还可以对语法不通、逻辑不顺的问题进行修改编辑。"动态"标签下记录着该话题所有的问题及回答状态（点赞、评论和反对），由"热门排序"和"时间排序"两个按钮进行管理；"精华"标签下则记录着针对问题的精彩回答（由点赞量及评论数衡量），与"动态"不同的是，"精华"标签下的问题及回答具有页码数，换言之"精华"是有标准的，因而能够统计出来；而"等待回答"则是暂时没有用户回答的问题。由于"动态"问题无法统计，且用户庞杂，相较之下，回答内容能称得上精华的用户在一定程度上是《灌篮高手》的"过度关注者"，基于内容质量需要，笔者选择对"灌篮高手"话题下标注"精华"的内容及回答进行抽样统计。

"灌篮高手"话题精华标签下的问题包括同一问题显示多个回答者的回答内容在内一共 35 页，笔者采取每隔 5 页抽一页内容的抽样方式，抽取第 1、6、11、16、21、26、31 页的精华回答进行观察。通过抽样，一共收集 133 条内容，其中，问题一共 127 个，具名参与回答的用户一共 82 名。由于一部分成员选择匿名参与，这给考察记忆主体的身份带来困难，因此将匿名用户的 20 个回答剔除后得到 113 个回答样本。在 113 个回答样本中，存在着同一个提问下有多个精华回答的情况。

基于这种"提问—回答"的协作书写记忆的模式，成员彼此之间的关系便尤为值得关注，它反映了成员之间的互动特征和社交方式。通过对 113 个样本进行阅读，大致可以按照内容属性将其分为三类：分析推理类、人物解读类、剧情幻想类，以此来分析问答社区粉丝对《灌篮高手》记忆建构的过程和粉丝之间的互动关系。

在精华回答中排名第一的是用户"东方朱朱"对"灌篮高手中樱木家条件不太好，他们真的很穷吗"的回答。"东方朱朱"通过 3 个细节来考证樱木家是否真的很穷，获得了 21265 个赞同，1511 条评论[1]。这三个细节分别截取了动画中的关键场景，并配以文字分析。

精华回答中大部分是类似上述分析推理类的内容，由用户提问《灌篮高手》中的某一个细节，渴望他人进行详细解读。句式大概是"如果……会怎么样""……为什么能够……""……

---

[1] 《灌篮高手中樱木家条件不太好，他们真的很穷吗》，https://www.zhihu.com/question/63907042/answer/214299668。

为什么那么……"等,均为想知道他人看法的询问方式。回答者对问题的回答以分析为主,其中包括剧情细节分析、推理和人物解读,还有少数回答者会在回答时代入自己的记忆经验。所有回答都基于对作品的深入解读来展开,不少回答者在回答过程中综合各方面信息,包括漫画、动画、作者背景、现实环境等来进行回答。

在问答社区中,粉丝聚集在一起为解答同一个问题努力搜集显示动漫情节的图片或者各种相关的背景信息。他们在各个媒体上收集他们所知道的关于《灌篮高手》的信息,其结果是每个粉丝都知道一些他或她的朋友所不知道的情况,这样他们相互之间就有机会分享彼此拥有的知识。一方面,资历深厚的粉丝则成为信息的发布者,他们利用积累的文化辨识力追踪人物背景和情节点,寻找同一系列节目中不同文本之间的关联。另一方面,经验较浅的粉丝就成为信息的追随者,他们追随着掌握信息的资深粉丝,渴望从他们身上得到作品的相关见解来填补自身文本解读的无力。

在 113 个精华回答中,不乏出现一个回答者回答多个问题的现象。这些资深回答者有的是被提问者或者别的回答者邀请回答,有的是根据对问题的兴趣来决定回答。在本研究的样本中,回答者"何明翰"一共出现 7 次,同样出现 7 次的还有"龙云飞",还有一些回答者的名字出现三次到四次不等。"何明翰"的知乎主页显示他在"灌篮高手"话题中一共贡献了 15 个回答,"篮球"话题 88 个,"NBA" 130 个[①];"龙云飞"则分别是 32 个、114 个和 235 个[②]。可以看出,问答社区空间中汇聚一批拥有雄厚知识背景的用户,保证了粉丝可以通过问答协作来完善记忆。

在这样的问答社区中,粉丝记忆建构是依靠人与人之间互助合作完成的。粉丝会通过沟通交流、共享信息或者自行发布个人信息来相互确认对方擅长的专业领域,以此为依据邀请成员进行回答,或者平台根据成员的回答历史进行推荐。借助资深粉丝的专业化知识,其他粉丝成员可以随意提取信息来填补记忆的空白,或者将个体模糊的记忆清晰化。每个来到这个媒介社区空间的粉丝都可以贡献智慧,参与到建构记忆的过程中。正是网络中这种随处可见的记忆碎片,粉丝才可以在自己的时间里,以自己的方式来构筑与作品的联系。

二 在周边展演中强化和延伸记忆

根据电子辞典日本三省堂《大辞林》对"周边"的定义:"利用动画片中登场人物形象或者运动队的吉祥物人气来设计可供售卖的以文具、衣物为代表的各种商品。"周边产品主要包括玩

---

① https://www.zhihu.com/people/he‐ming‐han/following/topics。

② https://www.zhihu.com/people/longyunfei/following/topics。

具手办、饰品、文具和衣物等看得见摸得着的实物。而在更广泛的意义上"周边"还指围绕着原作衍生出来的一切东西，在这个意义上来说，周边获得了空间的意涵，它假设原作是一个核心，在这个核心周围飘浮着无数大大小小的颗粒，这些颗粒具有向心力，永远绕着其核心作运动。

虽然也存在着动画片是产品周边的情况，即动画片是为销售产品而服务，例如《四驱兄弟》《海尔兄弟》，但是在大多数情况下，周边产品依旧是动漫产业链上的最后一环。一般高人气的动漫作品都拥有成熟的产业链，它们起初都连载在漫画杂志（例如《周刊少年JUMP》）上，页数也仅为几页，但杂志的低价定位使其能够在初高中学生群体中得到迅速传播，从此为单行本的巨大发行量打下基础。单行本基本没有二次创作，只是将连载过的内容重新刊印销售。如果说前期杂志连载只是推广杂志社漫画的广告，那么单行本则是漫画的直接盈利部分。连载和单行本发行到一定阶段后，作品积攒起了人气，杂志社开始考虑授权动画公司制作动画以及剧场版电影。经过前几个环节的"狂轰滥炸"培养出忠实的消费者后，周边产品的销售成为整个产业链利润最高的环节。它通过无数的产业链与原作联系在一起，以符号的形式承载着原作的意义。

在销售环节中，周边产品的价格比漫画、单行本这些一次产物的售价高十倍百倍不止。从产业链的角度来说，漫画培养了第一批粉丝，动画、电影强化了粉丝的喜爱，在周边环节，粉丝的爱和记忆都有了寄托，如此一来，整个产业链进入了良性循环，原作借此获得源源不断的生命力。在中国网络零售平台"淘宝"网上，以"灌篮高手"为关键字搜索，出现以"人偶/摆件/公仔/手办"等类目分类的商品。其中大部分周边产品生产商并没有从作者手中获得授权，生产的周边属于无版权产品，但只要抓住了粉丝的心理，将《灌篮高手》的元素复制销售即可获利。这种消费现象被社会学家让·鲍德里亚（Jean Baudrillard）称为"符号消费"，他认为后现代社会中，消费的对象已经不是单纯的"物"，而是符号，"物"为了被消费，必须要成为符号，被赋予符号意义的物，人们消费的不是它的物质性，而是差异性①。由此可知，粉丝购买《灌篮高手》周边产品，看重的不是它作为物品的质量，而是它与同类产品不一样的东西，即附着在产品之上的《灌篮高手》元素，一件普通的T-shirt在和《灌篮高手》合作后，印上樱木花道头像，价格就能翻倍，此时衣服已经不是普通的衣服，通过群体共同的密码阐释体系，它被赋予了意义。

在此后的著作中，鲍德里亚不单单使用符号的概念，还利用"拟像"的概念来探讨后现代社会中的消费行为。这样的社会消费论来源于索绪尔的"语言就是符号"，他认为文字和图像都可以解释为"文本"。这种理论在青少年流行文化中尤其能得到论证，例如，粉丝看到樱木花道穿过的球鞋原型Air Jordan6，在动漫中它是主角樱木花道拼命练习导致布鞋磨穿后，以30日元

---

① 让·鲍德里亚：《消费社会》，刘成富、全志刚译，南京大学出版社，2015，第8页。

从鞋店老板手上"买"下的,同时在现实中这款球鞋也是乔丹第一次夺取 NBA 总冠军时所穿的篮球鞋。粉丝将它买下来收藏,既可以获得"乔丹"品牌的拟像,又可以同时拥有乔丹和樱木花道"穿过"的特别符号的双重价值。

在这种全面拟像化的前提下,学界也愈加关注相关方面的流行文化现象,其中以日本的大塚英志的"故事消费论"和东浩纪的"数据库消费论"最为人所知。一方面,大塚英志曾指出,人们通过小商品(小故事)的背后消费更大的故事(设定、世界观),也就是"物来呈现一个片段让其愿意消费"来代替直接售卖宏大叙事[1]。另一方面,东浩纪认为"不管是消费单纯的作品(小故事),还是背后的世界观(宏大叙事),或者进一步说是消费设定、人设,总体来说更深层的消费对象是连接着整个文化的广大数据库。"[2] 这两个论点对分析后现代的文化状况,以及人们的行为动向具有极大的适用性,其中包括粉丝购买《灌篮高手》周边产品后展开的文化实践,在实践中,周边产品作为物的符号性背后关联着原作的意义,使其能够唤醒粉丝记忆。

对于"故事消费论"来说,物是故事的一部分,主角樱木花道的红色 10 号球服,在故事中原本设定成流川枫的球服,因樱木花道的不服气将之占为己有,流川枫只能顺延拿 11 号,从此,在原作中 10 号就代表了樱木花道。在无数次比赛的关键时刻,"10"总是以读者和观众意想不到的方式出现并挽救危机,从而它也和英雄情结联系在一起。而对于"数据库消费论"来说,《灌篮高手》的内容已经不重要,粉丝消费的是"热血青春"的记忆设定,所有与之联结的周边产品都被看作《灌篮高手》青春记忆的载体,因此,也解释了为何周边产品总是能够一触即发地唤醒粉丝的记忆。

对"物"的研究从物—符号消费—故事消费/数据库消费,贯穿其中的是背后的文化意义,它为探讨粉丝借助周边产品进行文化实践构建《灌篮高手》记忆提供了理论支撑。物是记忆的载体,被符号化的物可以营造回忆的气氛,激活主体的记忆,而主体"对记忆的再现本质上为符号化的建构过程,通过语言和叙事,记忆成为可供认知、交流和建构的文化现象"[3]。粉丝使用周边产品展开的活动行为主要分为"Cosplay""收藏展示"和"圣地巡礼"。

首先,"Cosplay"是指真人以服饰、道具、化妆、外形、行为、语言等方式在现实环境中扮演虚拟世界中的角色。从定义中也可看出这一活动与周边产品关系密切,通过对周边的利用扮演出高还原度的角色形象是每一个 Coser 的心愿。知乎用户"行一"认为评价 Cosplay 作品好坏的唯一标准就是还原度,是作品传递出的氛围让人有"他们真的活过来"的感觉。2011 年 8 月 Cosplay 社团"身为吃货我们毫不羞愧"展出了一组《灌篮高手》的 Cosplay 作品,被各个网站

① 转引自东浩纪《动物化的后现代:御宅族如何影响日本社会》,褚炫初译,大鸿艺术股份有限公司,2012,第 49 页。
② 东浩纪:《动物化的后现代:御宅族如何影响日本社会》,褚炫初译,大鸿艺术股份有限公司,2012,第 83 页。
③ 赵静蓉:《文化记忆与符号叙事——从符号学的视角看记忆的真实性》,《暨南学报》2013 年第 5 期。

平台转载。接着又被日本网友发布在视频网站 YouTube 上，创下了 16 万次的点击量后登上日本电视节目 "《灌篮高手》Cos 短片　纪念动画播映 20 年"，由于质量远胜日本国内同题材的 Cos 作品，引发了日本网友的惊叹。同时负责该社团的后期将作品分期发布在社交网站、新浪微博上，第一期作品收获了六千多的转发量和八百多的评论数①。评论中，网友"昭墨气质花"说道：好激动！神还原！太到位了！"神还原"是评论中出现最为频繁的字眼，其次是根据 Cos 内容回忆故事情节。网友"菜花花 1V5"：救命！神一般的还原！安西教练人家想捏捏你的肚皮。在动漫中，作者曾经以诙谐的方式呈现安西教练的身材，例如刚出场被调皮的樱木花道弹肥胖的双下巴，在比赛中坐在场边被冲出来救球的樱木花道当作人肉缓冲垫。

首先，优秀的 Cosplay 作品充满叙事性，会立即触发粉丝的记忆。一般说来，Coser 利用周边产品进行角色扮演，只能叙说故事中的一个片段，但是就如大塚英志所说，在片段的背后粉丝看到的却是整个故事世界。通过各种各样的叙事方式呈现出来的记忆内容成为粉丝群体交流的来源，也避免了记忆被遗忘的危机。

其次，周边产品因为承载着原作的意义具有差异性，差异性决定了它的价值，不能像大众文化商品批量生产的周边产品对粉丝来说，极具收藏价值。2014 年作者井上雄彦在推特上宣布，《灌篮高手》将和球鞋品牌 Air Jordan 进行合作，推出樱木花道"10 号"球鞋。此条推特内容还附有一张乔丹 6 代球鞋的照片，球鞋上印有 10 号，鞋面是红色，隐约还能看到樱木花道的头像。粉丝们都知道，井上雄彦是 NBA 的球迷，学生时代还加入过篮球部，为了画《灌篮高手》曾经飞赴美国观看 NBA 比赛，因此动漫中的许多情节和球员都能在现实中找到原型。

如今，粉丝看到这条消息的时候，总会想起漫画中樱木花道买鞋的片段，在片段中，作者通过鞋店老板对这款球鞋作了介绍。那时候，篮球在日本国内属于冷门运动，大多数国民对篮球规则都不熟悉，井上雄彦不得不经常化身"T 博士"在作品中讲解，QQ 网友"街头老人"向笔者证实"完全可以按照里面的教学去打球"。《灌篮高手》就这样凭借着扎实的基础，对热爱篮球的受众完成了关于篮球文化的启蒙教育。此后，随着 NBA 比赛的传播，迈克尔·乔丹势不可当，再加上动漫中湘北高中主将们的人脚一双乔丹球鞋。乔丹篮球鞋，作为球鞋之余，还承载着某种梦想。漫画收藏即使是二手也可以接受，动画收藏只要将资源拷贝进硬盘就可以，但是一双樱木花道穿过的篮球鞋，却有市无价，更不用说篮球漫画中有多少双球鞋了，收藏了一双难保不想再收藏下一双，高昂的价格不是每个粉丝都能负担得起的。

虎扑社区用户"LJ1986"曾分享自己的收藏经历："以前没发现，自从买了第一件装备后停不下手。都舍不得穿，特意再买了两件仿的平时穿，这两件拿来收藏。以上 5 件装备就是 aj 灌

① https：//weibo. com/1194270091/xiJh4jlLg？type = comment#_ rnd1512552899296。

篮高手联名的套装，除了 aj6 那双花了我 3800 大洋和帽子花了我 800 大洋，其他的价格都比较公道。aj super fly3 帽子花了 800，两件衣服 299 和 269。"① 知乎用户"零陆壹肆"也有同样的经历："对《灌篮高手》的爱就要收藏所有正版周边，所有的球鞋都有经常穿，唯独这双联名的六代，确实舍不得弄脏它，也许十年后我会拿出来穿吧。"② 这名粉丝对自己花费巨额金钱收藏所有正版周边的行为做出的解释是"还童年债"。以这两位粉丝为代表，可知正版周边对粉丝群体的独特意义，"正版"保证了它和原作一脉相承，对粉丝来说，如果不是正版，也许意义的传承会出现断裂，执着于正版周边还表达了自己对作品的虔诚之心。对周边的收藏，也是对储存记忆激活的工具，而在虚拟社区空间中分享自己的收藏品，则间接使它成为别人的记忆资源，为建构粉丝记忆提供媒介。

再次，在《灌篮高手》粉丝中有一种常见的致敬作品方式——圣地巡礼。从字面意义上看，"圣地"与宗教有关，"圣地巡礼"原本也是描述宗教巡礼行为的用语。无独有偶，在粉丝文化中有一种普遍性的观点认为：粉丝的追星行为是一种偶像崇拜。如果更进一步介绍"偶像崇拜"其实起源于宗教文化就可以理解为何粉丝行为总是伴随着狂热和着迷。随着日本动漫将现实场景纳入作品中的技术越来越高，现实世界与虚拟世界的边界似乎变得越来越模糊。由此也引发了一种粉丝旅游方式，即动漫圣地巡礼。动漫圣地巡礼是指，"探访动漫作品的取景地、关联作品或作者的所在地，且这些地方具有粉丝认可的价值"③。在这个意义上，"圣地"属于"空间式"的周边。《灌篮高手》一共有五个地方可以在现实世界中找到，于是这五个地方也成为粉丝去日本进行圣地巡礼的目的地。

所有圣地巡礼的基本方式是，截取动漫作品中以现实场所为舞台发生的情节片段，存在手机中带到现实地，有的粉丝还会穿戴具有原作元素的衣物饰品。粉丝到达地点后，做出与图片中的人物一样的动作并拍照，之后在媒介社交空间中分享出来。对粉丝来说，最为经典的地点应该是无数次出现在《灌篮高手》片头曲中，樱木花道和赤木晴子挥手的车站。广东男篮队长周鹏就曾与妻子在该地点分别扮演樱木花道和赤木晴子，周鹏学着樱木花道提着背包朝着妻子望去，重现了片头曲的经典一幕。之后他在个人微博上写着"远赴灌篮高手原型地，圆梦神奈川"④。更多的粉丝是像网友"暗炎龙"一样，在网上查看攻略后开启圣地巡礼模式。"暗炎龙"描述自己坐上片头曲出现的那列绿皮火车后，心里非常激动，想起了湘北坐上这列车去陵南比赛时，队员

① 《中了灌篮高手的毒，疯狂搜集相关的鞋和周边》，https：//bbs. hupu. com/20051745. html。
② 《喜欢灌篮高手是什么样的体验》，https：//www. zhihu. com/question/29639590。
③ 冈本健：「アニメ聖地巡礼の誕生と展開」，https：//hdl. handle. net/2115/38112。
④ https：//weibo. com/1922233745/F3mZquipz? filter = hot&root_ comment_ id =0&type = comment#_ rnd1514533429347。

们在车上做一分钟脚和腰的训练时吓到了旁边乘客的情景①。"暗炎龙"一边叙述自己买票、乘车、下车、拍照的旅途细节，一边回忆动漫中相关的情节片段。圣地巡礼是通过沉浸在故事世界里来进行记忆建构、再现与表达的方式，也是一种粉丝利用周边企图打通虚拟世界和现实世界壁垒的形式。

以上三个方面的记忆建构行为在康纳顿的记忆保存和传承的两种形式——"纪念仪式"和"身体习惯"——中得到更加深刻的解释。在他的论述中，参与"纪念仪式"的主体必须在占支配地位的话语体系中活动，以保证记忆的连贯性；"身体习惯"又分为"体化实践"和"刻写实践"，前者强调身体在场传递和保存信息，后者则依靠人体之外的手段和媒介②。一方面，对粉丝的周边展演来说，"Cosplay"和"圣地巡礼"都经常将身体动作和周边产品相结合来演绎，再现某些经典情节以达到"致敬"和"纪念"的目的；"收藏展示"则利用周边产品作为媒介，来向他人分享或者触发他人凝结在其中的记忆装置。粉丝的周边展演囊括了身体和身体之外的所有记忆手段，提供了一个包括身体在内的记忆感知系统。粉丝将记忆凝结在物品中，沉淀在身体之上，使粉丝记忆在展演中得以建构，在建构中保存和传承。另一方面，粉丝所有关于《灌篮高手》周边产品的实践都是一种意义生产的过程。这个过程永远也不会停止，从而使粉丝的记忆永远处在不断更新的状态中，且在更新中得以强化延伸。

三 通过二次创作拓展记忆

日本从事信息研究的成蹊大学教授饭冢邦彦对"二次创作"的定义是"读者援用已有动漫作品中的设定而创作的作品"③。以漫画、动画、游戏等"一次创作"（即原作）为基础的"二次创作""N 次创作"诞生后，包括一次创作在内的所有作品就会获得超高人气，达到消费的顶点。例如，从某部动漫作品的高人气二次创作可以看出原作的受欢迎程度，随着二次创作次数和作品数量的增加，周边产品、光碟的销量也会上升。二次创作对作家来说，是人气的测量仪，而对于粉丝来说则是增添作品鉴赏的乐趣以及多一样热门的消费对象，后者对流行文化产生深远的影响。

"喜欢"是粉丝进行二次创作的动机。喜爱之情在阅读原作的时候被唤起，导致作为主体的读者控制不住地想把这种情感冲动描绘下来。怀着种种情感和欲望，粉丝借用原作人物、设定、

---

① 《童年的记忆——神奈川之岛——灌篮高手圣地巡礼》，http://bbs.nantaihu.com/read - htm - tid - 92275353.html。
② 保罗·康纳顿：《社会如何记忆》，纳日碧力戈译，上海人民出版社，2000，第 124 页。
③ 饭冢邦彦："二次創作する読者の系譜"，https://scholar.google.com.hk/scholar? q = related：Ps - x9yANBeIJ：scholar.google.com/&hl = zh - CN&as_ sdt = 0，5。

背景进行的二次创作，其内容慢慢地脱离原作的故事世界。但尽管如此，这样的二次创作不会拘泥于内容是否会远离原作故事世界，或者登场的人物关系是否已经被替换，抑或设定是否已经被更改等等，因为创作者享受的不是"原创"而是"原作的二次创作"。

然而，即使是脱离原作进行的二次创作，还是不能被轻易认定为原创，换言之，脱离原作的程度如何会成为读者评判二次创作与原创的依据。被认可为原创的作品，读者在阅读时不能轻易分辨出故事设定是否来自原作，它更多的是像从"数据库"中抽出一个设定来进行创作的作品。例如，《灌篮高手》中流川枫的人物设定是一个外表看似冷漠，其实内心火热，一心只有篮球的人气帅哥。在女生向的校园小说，经常有这样的男主角：帅气、冷漠、全能、家世显赫，对女生的爱慕视而不见，这样的作品用了和《灌篮高手》一样的人物设定，但很难让读者将其认定为二次创作。如果有些读者先于原作接触二次创作作品，可能会有"这不是二次创作，而是原创"的感觉。

按照定义，二次创作已经脱离了原作，形成了一个新的故事世界。在二次创作中，人物和设定虽然不会发生大的变动，但是故事世界却宛如原作的平行世界。因此二次创作充满了粉丝的生产力，是粉丝文化生机与活力的见证。同时，二次创作是在原作的基础之上发展起来的，是原作"派系"中的一员，每增加一个二次创作作品，就为原作增添一个新的阐释意义，因而，二次创作在无形之中拓展了原作的故事边界。

虽然《灌篮高手》第一部二次创作作品已经无从考究，但从众多网友缅怀"湘北体育馆"主题小站的"同人文"板块，可知对《灌篮高手》的二次创作可以追溯到二十世纪九十年代末期，即二次创作一开始就伴随着原作而生。在对"同人文"的研究中，一篇名叫《世纪末，最后一场流星雨》的《灌篮高手》同人文"被公认为是最早的具有广泛影响力的同人作品，是桑桑在1999年发表的"①。

随着动画技术和视频制作软件技术的进步，现在热门的动漫作品永远不缺二次创作的素材以及丰富的周边产品。相比之下，作为元老级的《灌篮高手》艰难地依靠着粉丝的不断回忆才避免陷入被遗忘的处境，此刻粉丝对它的二次创作是一种对遗忘的抵抗。《灌篮高手》的二次创作有的是在忠于原作基础上的续写和改编，有的则是单纯借用人物名字和设定创作完全不一样的故事，形式大致有视频、小说和漫画。视频作品基本可以分为"续写全国大赛篇"和"剪辑拼接类"；小说内容则可分为"续写"和"同人配对"；而漫画作品中尤以2014年网友"真三OJOO"创作的并少量发售的《农活高手》最典型②。正是因为这些不同体裁的二次创作作品，

① 转引自王铮《同人的世界——对一种网络小众文化的研究》，新华出版社，2008，第11页。
② https：//weibo.com/1809144300/BoZpOBIrt？ type = comment#_ rnd1514534676763。

才使得《灌篮高手》的意义得以延伸，直接拓展了粉丝对《灌篮高手》的记忆边界。

粉丝关于二次创作的视频，一般是在已经播放的动画视频的基础上进行剪辑拼接，使其具有叙事性。粉丝们都知道因为一些原因，作者井上雄彦没有授权动画公司制作全国大赛篇，导致《灌篮高手》动画在主将们搭乘新干线前往全国大赛前戛然而止。无奈之下，动画公司在之前就安排一场湘北对战陵南和翔阳的原创剧情，其中穿插了一些漫画中全国大赛的内容。然而，这还是不能消解粉丝的遗憾，在得知已无任何希望看到全国大赛篇动画后，他们只好以各种方式自己制作"全国大赛"。视频弹幕网站哔哩哔哩上粉丝制作的关于全国大赛篇的视频主要分为：《灌篮高手全国大赛漫画视频》《〈灌篮高手〉非常喜欢，这次绝不是说谎》《〈动漫瞎扯淡〉灌篮高手全国大赛篇》等以配乐播放漫画的形式来制作的漫画视频；《灌篮高手大结局 全国大赛 湘北VS 山王 2K 动画精制版》等以篮球游戏 NBA2K9 为蓝本制作的比赛视频①。碍于视频制作的技术门槛限制，大多数全国大赛篇视频还是倾向于以配乐加漫画播放的形式呈现。像以篮球游戏NBA2K9 中的游戏画面为蓝本重制《灌篮高手》大结局的方式还是少数，该版本游戏动画对漫画情景的模仿度几近真实，动画与漫画的穿插衔接做得也很流畅，可以看出创作者在制作视频时所付出的心血。

为了致敬经典，除了粉丝自制全国大赛篇，还插入以某些主题剪辑动画中的片段，如《灌篮高手十五佳进球》《灌篮高手二十大精彩球技》《点评灌篮高手十大球员，快进来回忆童年》等。这些视频的共同点是作者将自己认为的瞬间剪辑拼接，以最快的速度来唤醒粉丝对整部《灌篮高手》的记忆。

在以小说的形式对《灌篮高手》的二次创作中，除了在原作和官方续篇《十日后》脉络的基础上进行不同剧情的续写，还存在一种创作方式是加入了原作中没有的人物展开全新的故事情节。续篇以《灌篮高手——22 年后的故事》为例，小说以相田彦一的视角入手，以采访的方式呈现全国大赛 22 年后各个人物的生活②。在原作中，相田彦一是陵南高中篮球队的队员，善于搜集对手的资料，他在原作中的出场的方式是来到湘北高中搜集流川枫的资料时遇到樱木花道，从而展开故事情节。在《灌篮高手——22 年后的故事》中，有人物的逝去也有后代的到来，有人事业志得意满，也有人生活得残缺不全，作品的最后以所有人物因相田彦一发表的故事而重聚为完结。作品本身就是以采访对话的方式，让人物回忆起全国大赛后各自的故事来还原整条时间线上每个人物的生活轨迹，以勾勒起《灌篮高手》的续篇画卷。这部二次创作作品人物塑造非常成功，还原度很高，引起网友的共鸣，阅读这篇小说的读者会被里面人物的回忆牵引，不由自

---

① 《灌篮高手》，https：//search. bilibili. com/all? keyword = % E7 % 81 % 8C % E7 % AF % AE% E9 % AB % 98 % E6 % 89 % 8B。
② 《灌篮高手——22 年后的故事》，https：//www. douban. com/group/topic/41532920/。

主地复习原作的内容。豆瓣网友"nines"看到这篇小说后说：谢谢楼主把三井的努力变出了结果，一个MVP是他重回巅峰的证明。"马维·影歌"看到小说后则想起自己第一次看《灌篮高手》时的情景和感受，并说道"小说中那些人物的人生轨迹就像很多年后我的同班同学"。从此，粉丝关于《灌篮高手》结局的记忆除了作者绘制的《十日后》，还增添了粉丝自己创作的许多续篇新故事。

晋江文学网上有一百多篇标注为"灌篮高手"的文章①，笔者将其大致分为"评论类""穿越类""耽美类"以及"架空类"。"评论类"的文章以评论原作、人物，表达作者感情为主，篇幅较短；"穿越类"是"我"或者新增角色，以肉体穿越或者灵魂穿越的形式进入原作的世界，与里面的人物发生情感故事或者以上帝视角影响故事发展方向；"耽美类"则是将原作人物配对，描述两人之间的同性恋情。《灌篮高手》中最为粉丝青睐的配对是湘北队流川枫和陵南队仙道彰，两人都是各自队中的王牌篮球队员，在双方学校的练习赛中互相欣赏。粉丝对原作的"过度"解读天性，很自然被两人之间的互动氛围击中。为了表达自己的激动之情，也为了寻找同好分享这份发现，粉丝将其诉诸笔端，于是就成就了《灌篮高手》二次创作。"架空类"是描述《灌篮高手》的人物和别的作品人物相遇后发生的故事，例如《灌篮高手》与《火影忍者》、《灌篮高手》与《千与千寻》、《灌篮高手》与《死神》等。

2014年以《灌篮高手》为蓝本进行二次创作的漫画《农活高手》在淘宝网上限量发售。以诙谐的手法描绘人民公社背景下，湘北村生产队为农业创收进行的生产活动。漫画将人物的台词剥离原作，置入人民公社"一切为创收"的语境下，例如，作者对漫画的简介是，"少年洪毛花（红毛小子樱木花道）来到湘北村，有一天他邂逅了湘北村生产队队长杨红刚（赤木刚宪）的妹妹阿晴（赤木晴子），对阿晴一见钟情的小花为博取阿晴的欢心，毅然加入了生产队，但阿晴却单恋着村东头的超级新人插秧高手——刘川丰（流川枫），小花与他成为一生的对手……"原作中，樱木花道在教室走廊里遇到赤木晴子，晴子比划他的身高后兴奋地问他"你喜欢打篮球吗"，除了打架从来没有正经参加过运动项目的樱木花道立刻对美丽的晴子回答道"很喜欢"，从此与篮球结下不解之缘；又如全作经典台词之一"教练，我想打篮球"变成了"村长，我想搞生产"。除此之外，原作中所有人物在漫画中也改变形象，麻花辫、中山装、打补丁、戴草帽。可以说作者将《灌篮高手》元素和中国"大跃进"时期的人民公社化时代背景完美融合在一起。

以上《灌篮高手》的二次创作物被粉丝统称为"同人作品"，进行这种创作的行为被称为"同人"。"同人"是在原作满足不了粉丝的心理需要的情况下发生的，因此它不是以营利为目

---

① 《灌篮高手》，http：//www.jjwxc.net/search.php？kw=%B9%E0%C0%BA%B8%DF%CA%D6&t=1。

的的生产行为，而是基于满足自我需求的"自娱自乐"，生产的作品也大多在群体内部传阅。只有共同对此有需要的粉丝才会自动搜寻"同人作品"，且在搜寻的过程中与他人就《灌篮高手》记忆产生交往，如粉丝在媒介社区空间中描述自己要找的"同人作品"，或者评论他人的二次创作。因此，作为借助原作设定而获得新生的"同人作品"从创作到传播都丰富了粉丝对原作的记忆。

结　语

从上述对《灌篮高手》粉丝的记忆建构策略分析中我们可以看到，不同的建构策略对粉丝记忆产生不同的效果。总体上来说，互联网的开放性和共享性鼓励用户自行生产内容，最大限度地促进文化生产和表达。从被动接受到主动参与，粉丝记忆建构凸显了主体的主观能动性，粉丝的辛勤耕耘对自身记忆、集体记忆甚至是群体的文化记忆带来的影响是，记忆的文本呈现出开放性和多元性的特征，记忆边界也在不断延伸和拓展。最终的结果是，对主体成长和心理产生深刻影响的记忆内容得到不断强化，反过来，依靠记忆定位自身的粉丝强化了身份认同和群体的归属感，实现主体稳定结构的延续和保存。

近些年来，随着商业主义的盛行和媒介技术的发展，粉丝经济带来的消费奇观愈演愈烈。对粉丝文化的研究也占据着文化研究的一大部分，其中，凝结在符号实物、粉丝身体实践以及文化创作行为中的粉丝记忆最能彰显群体的独特存在。《灌篮高手》的粉丝记忆建构，为将流行文化中主体间的记忆建构问题纳入宏大叙事的理论框架做出了尝试。因此，《灌篮高手》的粉丝记忆建构策略至少在以下三个方面为我们在更加普适的理论层面分析和理解粉丝文化提供了经验观察的基础。

第一，粉丝群体在媒介社区中通过问答协作来书写记忆的行为表明，集体记忆是在群体的互动中被形构。人是社会的动物，在与群体的互动中形成社会性自我。所有群体形成一般基于两种原因：一是工具性需要，即群体帮助其成员去做那些不容易单独完成的工作；二是表意性需要，即群体帮助其成员实现情感欲望，通常是提供情感支持和自我表达的机会①。社交媒体发展之后，每个人都可以快速将自己的观点发布于社交平台上，观点相似的人结成同盟，与观点相冲突的个人或联盟相对抗。对于活跃在问答社区中的粉丝来说，加入社区既是工具性需要也是表意性需要。个体不能获知的问题，在群体的帮助下得到解答；个体的情感也在快速的分享中扩散。在这样的记忆交互系统中，集体记忆的建构不再依靠传统媒体的作用，而是建立在群体关系联结和

---

① 戴维·波普诺：《社会学》，李强等译，中国人民大学出版社，2000，第 178~179 页。

互联网分享机制的基础之上。

第二，粉丝利用周边产品进行展演，使得记忆在此过程中得到强化和延伸。在流行文化中，周边产品是符号化的实物，粉丝购买的是符号背后的文本意义和价值。距离《灌篮高手》完结已经二十余年，粉丝并不是时时刻刻都在回忆它，但是凝结了成长记忆的《灌篮高手》却深藏在粉丝内心深处，只有突然被带有《灌篮高手》元素的符号触发记忆开关，记忆才会喷涌而出，而且是有选择地呈现。这个符号有可能是动漫商店的玩偶，有可能是路边商店播放的音乐，也有可能是球场上一闪而过的运球姿势，等等。"符号的多样在这里只是手段，周期性的呈现才是传承集体记忆和族群认同的核心要素"①。将符号多样化、周期性地呈现是粉丝的日常行为实践，在这样的实践过程中，记忆装置不断被触发，通过身体实践被习惯和识记，原有的记忆或被强化，或被改写产生新的记忆文本。

第三，粉丝总是生产出自己的文本来填补原先记忆文本的空白，通过二次创作进行意义生产为原作增添了作品系列，使粉丝的记忆边界得到拓展。从粉丝记忆与媒介产品的关系中可以看出，为了保持主体发展和身份认同的一致性，粉丝利用身边一些资源来缓解记忆危机。消费主义盛行的时代背景下，粉丝一边通过消费官方资源，一边通过自行生产创作来建构带有粉丝烙印的记忆文本来彰显自身的存在。通过与"一脉相承"的官方资源互动来拓宽记忆建构的边界，同时又通过抵御妨碍身份认同的资源来确立认同的一致性。

粉丝的记忆建构，本质上是粉丝如何在媒介空间中开展文化实践的问题，粉丝的思索和阐释会多维度地拓展故事世界，也体现了粉丝文化的活力。同时记忆建构的问题也启发我们，记忆的问题不仅仅只存在于集体记忆对社会现实和历史事件的形构中，粉丝主体在不断变化、流动的流行文化中记忆建构问题也值得关注，因为这意味着在碎片化社会里竭力明确自我，建构身份认同，并以此寻找现实社会缺乏的理想化本真，弥合现实与理想之间的裂痕，获得精神世界的完满。

Strategies of fan memory construction in Slam Dunk

Chen Lin，*Tang Shanshan*

Abstract：As a typical subcultural group, the fans base of *Slam Dunk* is an important part of its cultural practice, which is the construction of memory. Fans make use of the resources in the media space to construct memories, including writing collective memories through interactive memory, strengthening and extending memories through

---

① 张庆园：《传播视野下的集体记忆建构》，中国社会科学出版社，2016，第 22 页。

performing practices with peripheral products, actively participating in the secondary creation of the original text to produce new texts, forming memory sequences and expanding memory boundaries. The memory construction behavior of fan groups means that they try their best to define themselves and construct identity in the fragmented society, so as to find the idealized reality lacking in the real society, bridge the gap between reality and ideal, and obtain the spiritual world's completion.

Key words：*Slam Dunk*, Fans memory, Construction strategy, Media space

论抗战时期新四军新闻漫画的传播方式、内容及特色

———————————————————————————————————————胡正强*

摘　要： 在新四军及华中抗日民主根据地的发展过程中，新闻漫画在动员和组织民众投身抗战、鼓舞战斗士气、促进生产建设、丰富军民文化生活方面，都发挥了巨大而积极的作用。墙画、布画、油印和铅印报刊、单张的"画片"传单，是抗战时期新四军新闻漫画的主要传播方式和载体。宣传我党的抗战主张、动员全民投身抗战的大业、讴歌新四军奋勇杀敌的壮举、反映根据地生产与建设、评析世界反法西斯战局，是新四军新闻漫画的基本传播内容。表现形式大众化、表达手段木刻化、传播速度及时化、作者来源广泛化，是抗战时期新四军新闻漫画的主要传播特色。

关键词： 新四军　新闻漫画　传播方式

1937 年 8 月，全面抗日战争爆发后不久，国共两党就原南方 8 省红军游击队改编为抗日武装问题达成共识，改编后的红军游击队称国民革命军陆军新编第四军，叶挺为军长。1938 年 4 月，散处南方各地的红军游击队根据指令陆续抵达集结地区，集中整编之后即相继开赴抗日前线，驰骋在江、淮、河、汉之间，先后建立了地跨苏、皖、鄂、豫、浙、赣、湘七省的苏中、淮南、苏北、淮北、鄂豫边、苏南、皖江、浙东八个抗日民主根据地，解放人口 3400 余万，到抗日战争结束时已发展成为一支拥有 30 多万人的强大军事武装力量。[①] 军队文化是战斗力的有机组成部分。在新四军由小到大、由弱到强的发展过程中，新闻漫画在宣传党的抗战主张、动员和组织民众投身抗战、鼓舞士气、活跃军民文化生活等方面，都发挥了积极而巨大的作用。

---

*　胡正强，南京理工大学设计艺术与传媒学院教授，博士，研究方向为新闻史论、中国媒介批评史论、漫画新闻史论。

① 参见黄元起主编《中国现代史》（下），河南人民出版社，1982，第 45～47 页；刘大年、白介夫主编《中国复兴枢纽——抗日战争的八年》，北京出版社，1995，第 63～68 页；邓子恢：《新四军的发展壮大与两条路线的斗争》，《星火燎原》（选编之六），中国人民解放军战士出版社，1981，第 370～388 页。

一　抗战时期新四军新闻漫画宣传的传播方式

抗日战争在本质上是一场空前持久的人民革命战争。离开了广大人民的支持，没有对群众广泛而深入的动员，发动全民族的武装自卫，就不可能取得战争的彻底胜利。抗日战争爆发后不久，毛泽东同志即向全党明确指出："全民族的第一任务，在于高度发扬民族自尊心与自信心，克服一部分人的悲观情绪，坚决拥护政府继续抗战的方针，反对任何投降妥协的企图，坚持抗战到底。"[①] 为达此目的，"必须动员报纸，刊物，学校，宣传团体，文化艺术团体，军队政治机关，民众团体，及其他一切可能力量，向前线官兵，后方守备部队，沦陷区人民，全国民众，作广大之宣传鼓动，坚定地有计划地执行这一方针。"[②] 新四军作为中共直接领导的武装，新闻漫画自然成为其进行抗日动员、组织等文化工作的有力武器。

新四军军部还在南昌时，就成立了战地服务团，分民运、戏剧、绘画、音乐四组，开展抗日宣传动员工作。军部移驻皖南后，上海及南方各大城市的革命和进步美术工作者纷纷来到皖南，在新四军军部战地服务团绘画组、军部《抗敌报》社以及有关部门，开展美术宣传活动。新四军东进后，迅速在大江南北打了许多胜仗，建立了苏南茅山地区和江北巢湖地区的抗日根据地，在皖南的美术工作者也相继到达苏南、江北，在敌后开展美术活动。皖南事变后，新四军重建军部，在文化上也出现了十分繁荣的大发展景象，在盐城成立了鲁迅艺术学院华中分院，自己培养了一批美术工作者。美术展览、街头的美术宣传、报纸杂志上的美术作品不断出现。直到 1941 年 7 月至 8 月苏北军民奋勇获得第一次苏北反"扫荡"的胜利为止，新四军美术工作基本上在军部领导下开展活动。此后，鲁迅艺术学院改编为两个工作团，即军部鲁工团和三师鲁工团，许多美术工作者分散到各师工作了。

新四军初期的新闻漫画主要以墙画宣传的形式出现。行军时，战地服务团绘画组的同志与打前站的尖兵们一起，走在大军的前头，边行军边作画。大军足迹所至，无论是城市还是乡野，只要有墙壁可以利用，即绘上鼓动性的时事新闻漫画，用简明的形式宣传党的抗日民族统一战线的政策和抗战建国纲领，宣传新四军的抗战英雄事迹。"有些同志往往一天行军七八十里，还画了十几幅墙画，到了宿营地，委实疲乏不堪，但休息一晚之后，第二天又精神抖擞地继续前进作画。"[③]《新四军八路军七年战绩》（见图 1）新闻漫画就是当年新四军苏浙军区第三纵队政治部文教干事赵坚创作、由新四军苏浙军区第三纵队司令员陶勇保存下来的一幅著名的墙画。

---

① 毛泽东：《论新阶段》，《中国共产党宣传工作文献选编（1937～1949）》（2），学习出版社，1996，第 25 页。
② 毛泽东：《论新阶段》，《中国共产党宣传工作文献选编（1937～1949）》（2），学习出版社，1996，第 25 页。
③ 沈柔坚：《忆新四军战地服务团绘画组》，载杨涵编《新四军美术工作回忆录》，上海人民美术出版社，1982，第 1～2 页。

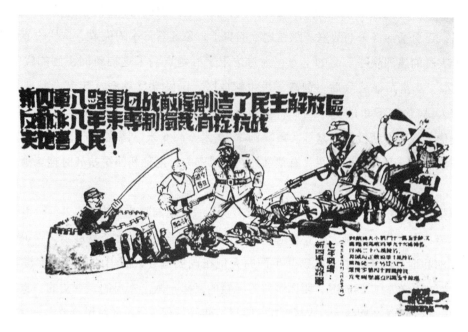

图 1　赵坚　新四军八路军七年战绩　1945 年 9 月

(图片来源:《〈纪念新四军成立 80 周年暨粟裕大将诞辰 110 周年书画展〉书画作品中的故事》,http://blog.sina.com.cn/s/blog_ b40116d10102wyo8.html。)

1945 年 8 月 15 日,日本宣布无条件投降,但苏南日伪军仍负隅顽抗,不肯向我长期坚持抗日的新四军缴械。新四军苏浙军区第三纵队即从浙江天目山根据地经长兴向苏南的宜兴一带进击,迫日寇投降。部队抵达宜兴的丁山镇、蜀山镇以后,日伪军仍拒绝放下武器,我军随即发起攻击,很快全歼了敌人。蜀山镇伪军头子史耀民"似蜀公寓"的墙壁较好,为了宣传我军抗日功绩,鼓励战士们继续奋勇杀敌,赵坚和另外几位同志用了一天时间,在其墙壁上创作了这幅新闻宣传漫画。新闻漫画完成以后,纵队司令员陶勇看到了,非常高兴,连声称赞说:"这幅画很大,有气魄!"又说:"这就显示了我军既能打仗,又能做宣传工作。"他叫赵坚把这幅画拍下来,留作纪念。当时三纵部队里还没有照相机,于是就请照相馆的人帮助拍摄,才使之得以保存下来。

这幅新闻漫画的左侧,一个国民党军官模样的人,龟缩在四面围着城墙的重庆,手里举着一根杆子,杆子头上吊着一个牵线木偶似的人物。这个木偶人物一手举着"中日亲善"的牌子,表示对日寇乞求妥协投降,一手执着"反共和平"的扇子,表示坚决反共。这是比喻重庆蒋介石政府与南京汪精卫伪组织勾结起来进行反共卖国活动,本质上他们是紧密联系的一丘之貉。在木偶人物面前的日本侵略军,横冲直撞,广大中国人民被残酷践踏、蹂躏。国民党军队成批地打着"奉命投降""曲线救国"的旗子拜倒在日寇的膝下。右侧，那位持枪的战士，代表着八路军、新四军，正勇猛冲锋杀向敌寇。趴在地上的鬼子，象征着日军的失败。抗战的节节胜利，博得敌后广大人民的热烈欢呼。画的上方，大号仿宋字标题点明了这幅新闻漫画的宣传内容和主题："新四军、八路军血战敌后，创造了民主解放区。国民党反动派八年来专制独裁，消极抗战，失地害人民！"右下角是当时延安新华社发布的新四军、八路军的七年战绩，包括作战次数、毙伤敌伪人数、缴获武器数字等。整幅画宽 12 米、高 6 米，图文并茂，气势雄伟，既具有很强的情节叙事性，又生动形象，具有很强的艺术感染力，堪称新四军抗战时期墙画类新闻漫画的一幅精品之作。

布画也是新四军抗战时期新闻漫画的重要形式之一。军部驻扎皖南后，"绘画组经常工作是配合形势宣传，在白布上绘制大幅宣传画，到连队和人民群众中举行流动展出。"① 1938 年秋天，新四军在军部驻地专门举办了一次别开生面的大型布画展览会，展出的多是新闻漫画性质的作品。当天，军部所在的广场周围，团团围绕着无数的巨幅布画。六尺的、一丈的，也有一丈五尺的。其中有《屠场》《夺取敌人武装武装自己》《打鬼子、保家乡》《军民合作打日本》等作品。其中"最醒目、最出色的还是沈光的《屠场》……那是揭露日本鬼子残暴的狰狞面目……同时也预兆着敌人必将走向灭亡的命运。这幅画曾激起无数群众的抗日救国保家乡的决心。同仇敌忾，万众一心，人们都显示出不赶走鬼子誓不罢休的激昂情绪。"②（见图 2）夜幕降临之时，展览会场也成了一个露天剧场，人们好似千百条溪流，从四面八方汇合而来，他们摆好了看戏的凳子，挤挤攘攘地散布在巨幅布画前面，听宣传员详细演讲。这种新闻漫画展览与音乐、戏剧歌舞晚会围绕某一主题配合举行，宣传效果十分明显："有时，我们的画和演出的戏以及歌舞节目，又都是围绕着共同的中心内容进行宣传的，对群众的宣传教育，也就显得比较深入了。"③ 例如：鼓动参军保家乡的宣传活动，往往在展览和演出之后，有的青年人不是当场报名，就是在第二天纷纷前往有关机关报名参军。

油印或铅印的画刊、画报是新四军新闻漫画发表的最主要阵地，也是新四军及华中各抗日民主根据地文化与新闻出版事业建设的重要组成部分。早在 1938 年新四军军部还在云岭驻扎期间，新四军战地服务团就为了满足及时配合各个政治宣传任务的需要，创办了一个《老百姓》画刊，每半月出一期，"内容生动，形式多样，编排活泼，色彩鲜明，有木刻，有漫画，有连环画，有宣传画。"④ 因为没有机械印刷的条件，他们便采取分工创作、集体复制的办法，把每张原稿复

---

① 沈柔坚：《忆新四军战地服务团绘画组》，载杨涵编《新四军美术工作回忆录》，上海人民美术出版社，1982，第 2 页。

② 涂克：《新四军美术活动点滴》，载杨涵编《新四军美术工作回忆录》，上海人民美术出版社，1982，第 11 ~ 12 页。

③ 涂克：《新四军美术活动点滴》，载杨涵编《新四军美术工作回忆录》，上海人民美术出版社，1982，第 12 页。

④ 涂克：《新四军美术活动点滴》，载杨涵编《新四军美术工作回忆录》，上海人民美术出版社，1982，第 12 ~ 13 页。

图2　汉口儿童在观看配有诗歌的新闻漫画宣传布画　1938 年

（图片来源：《珍贵抗日历史照首度亮相，94 岁新四军老战士说"忘记过去就是背叛"》，https：//www.toutiao.com/i6439948960671990274/。）

制若干份，编成若干张大型的画刊，张贴在主要村庄的要道口，引起广大军民很大兴趣。偶尔过期未换，群众便会上门来追问原因。1939 年 2 月，新四军政治部在皖南泾县创办了《抗敌画报》，由吕蒙、赖少其先后主持编务，该刊宗旨是以绘画形式宣传抗战，鼓舞士气，反映部队生活和根据地景象。起初为石印，后来改为铅印与石版彩色相结合，16 开本，每月一期，每期3000 余份，发行到部队各基层单位，并出版 4 开单张贴到街头或村口，深受广大军民欢迎。① 此后，新四军及所属各部还创办了《拂晓画报》、《大众画报》（见图3）、《苏北画报》、《苏中画报》等，大量刊登新闻漫画宣传作品。值得注意的是，1945 年 4 月，新四军苏中区政治部还出版了一本 32 开铅印的《漫画与木刻》（见图4）专业刊物，以《苏中画报》社的名义出版，由苏中新华书店发行到新四军所辖各师地区。《漫画与木刻》第一集上，刊登了涂克的《拾粪》、

---

① 王传寿主编《烽火信使——新四军及华中抗日根据地报刊研究》，合肥工业大学出版社，2010，第 16 页。

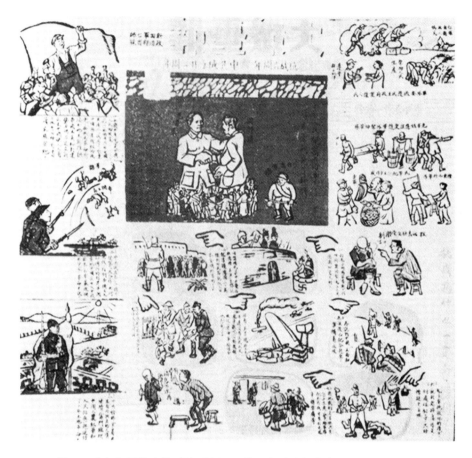

图 3　《大众画报（特刊）》（新四军第七师政治部主办）　1943 年 7 月

（图片来源：转引自夏治国《抗战时期盐阜根据地的美术活动》，南京艺术学院硕士学位毕业论文，2008。）

涂克与江有生合作的《刘老好换工小组》连环漫画 8 幅、杨涵与费星合作的《王美珍动员组织妇女纺纱》连环漫画 4 幅，以及"苏中木刻同志会"学员的 4 幅习作，有效地宣传和推动了当时根据地开展的大生产运动。

新四军及华中各根据地党政群创办的一些综合性报刊，更是新四军新闻漫画刊登的常设阵地。通俗性是抗日战争时期我党我军创办报刊的一条基本原则和价值取向，通过图画来解释和宣传我党我军的路线、方针和政策，进行各种时事宣传，就成为当时新四军及华中各抗日根据地的一种必然的编辑选择。1942 年 10 月，新四军第 3 师政治部鲁艺工作团创办的 32 开《先锋文艺》杂志，设有"历史故事""战士的画""游戏"等栏目，刊登过《百禄沟战斗》《青年历史》等木刻连环画，以及唱词《长征记》等，内容图文并茂。1941 年 6 月苏北文化工作者协会在盐城创办的《实践》半月刊，先后出版 5 期，创刊号上就刊登了蒋宁创作的连环新闻漫画《反动的

图 4　漫画与木刻扉页（左）和封面（右）　1945 年 4 月

（图片来源：杨涵主编《新四军美术工作回忆录》，上海人民美术出版社，1982，附图第 69 页。）

大后方》。中共皖鄂赣边区委主办的《大江报》1943 年下半年改为铅印后，从内容到质量都有了很大提高，版面上不仅有当地新闻、国际国内消息，还有副刊、漫画、插图等，发行量也增加到 5000 份。[①] 1943 年 4 月 25 日，中共盐阜区委（后改地委）创刊的《盐阜大众》（见图 5），在发刊词中明确揭橥该报是"一种泥腿子报，专给不识多少字的大众看"[②]，是华中根据地著名的通俗报纸。该报第四版是文艺副刊，有大众通讯、故事和歌谣、连环画等。每期都刊有几幅配合新闻报道的木刻漫画，在该报的创刊号及随后的几期报纸上，曾刊登《模范班巧计捉和平军》《希特勒吹"牛皮"》《新四军是怎样来的》等连环新闻宣传漫画。据统计，1942 年 1 月 1 日至 5 月 26 日，《盐阜报》刊有宣传画、漫画等 48 幅，作者有李克弱、沈柔坚、丁达明、车戈等；1943 年 4 月 25 日至 12 月 19 日，《盐阜大众》报刊有木刻宣传画、漫画等 75 幅，作者有洪藏、沈柔坚、郁红、凡一等。值得一提的是，车戈和凡一为华中鲁艺美术系的毕业生。《先锋杂志》在 1941 年 9 月至 1945 年 8 月出版的 40 期中，共刊有宣传画、漫画等 98 幅。[③] 这些新闻漫画，既有一定的故事性，又有生动直观性，不识字的工农兵一看就懂，深受广大军民的欢迎和喜爱（见图 6）。

---

①　王传寿主编《烽火信使——新四军及华中抗日根据地报刊研究》，合肥工业大学出版社，2010，第 32 页。

②　转引自周俊《刘少奇与〈江淮日报〉〈盐阜大众〉》，《新闻界》2017 年第 3 期。

③　夏治国：《抗战时期盐阜根据地的美术活动》，南京艺术学院硕士学位毕业论文，2008。

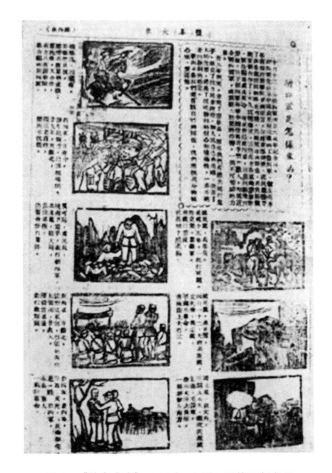

图 5　《盐阜大众》1943 年 10 月 9 日第四版书影

（图片来源：转引自夏治国《抗战时期盐阜根据地的美术
活动》，南京艺术学院硕士学位毕业论文，2008。）

　　传单也是抗战时期新四军新闻漫画宣传的重要方式之一。作为单张的宣传品，传单有着印制相对简便、成本低廉、便于隐秘携带、张贴和散发等特点，所以常常成为战争时期对敌方进行宣传以瓦解其军心士气的重要方式。目的的同一性，是新闻漫画与传单相互结合的内在因素。抗战期间，新四军为了开展瓦解敌军工作，常通过新闻漫画传单进行。例如 1942 年，苏中第四分区（新四军第一师第三旅）就油印了很多这样的新闻漫画"画片"。当时根据地领导号召利用冬天开展"冬防""冬耕""冬学"的"三冬"活动，为加强对敌斗争和对根据地群众的宣传，苏中四分区地委宣传部指示有关人员创作宣传画，并特别要求尽量制作得精美一些。这样，经过美术工作者的努力，一幅四开大型的套色油印新闻漫画《三冬图》（见图 7）就顺利诞生了。那时苏中第四分区有个油印报《江海大众》，《三冬图》就作为该报的画页发

图 6　《儿童生活》1944 年 5 月 5 日封面

（图片来源：转引自夏治国《抗战时期盐阜根据地的美术
活动》，南京艺术学院硕士学位毕业论文，2008。）

行，因为油印技术条件的限制，只印制了四五百份，很受民众欢迎。根据地的群众把它当作年
画贴在家中的墙壁上，并反映发行得太少了。这幅反映"三冬"活动的新闻漫画还引起了敌伪
的注意，曾被敌人拿到上海，在一个展览会上展出，并在画旁附以污蔑性的文字说明，大意是
共产党新四军不顾人民的困难，浪费人力、物力印制这样精美的漫画。上海很多群众也都来观
看，后来敌人大概觉得这样反而形同替共产党作了免费宣传，就又悄悄地把它从展览中拿掉
了。新四军第一师第三旅"为了配合部队战时政治工作，印制了各种鼓动传单（见图 8）、画
片、画报。"① 部队打大中集时，曾印制题为《活捉胖甲鱼》的新闻漫画（当地百姓称盘踞大
中集的伪军头子谷振之为"胖甲鱼"），发到部队后，"活捉胖甲鱼"顿时成了战士们竞赛的行
动口号，大大鼓舞了部队的士气。

---

① 毛哲民：《套色油印画及其他》，载杨涵编《新四军美术工作回忆录》，上海人民美术出版社，1982，第 50~51 页。

图 7　毛哲民　三冬图　1942 年

（图片来源：杨涵编《新四军美术工作回忆录》，上海人民美术出版社，1982，附图第 58 页。）

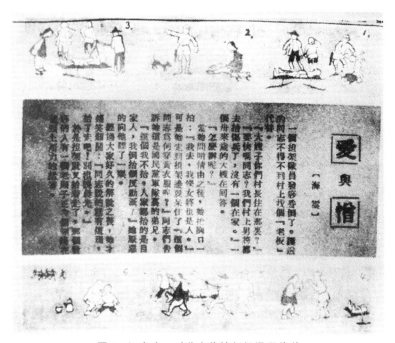

图 8　江有生　对敌宣传性新闻漫画传单

（图片来源：杨涵编《新四军美术工作回忆录》，上海人民美术出版社，1982，附图第 61 页。）

二　抗战时期新四军新闻漫画的宣传内容

抗战期间，宣传工作毋庸置疑地必须服从和服务于争取战争胜利的目标。全面抗战开始之后，毛泽东同志曾多次谈到宣传鼓动工作的内容并作出具体指示。1938 年 10 月 12 日至 14 日，他在中共扩大的中央六中全会上所作《论新阶段》报告中指出："一切宣传鼓动工作应顾到下述各方面。一方面，利用已经产生并正在产生的民族革命典型（英勇抗战，为国捐躯，平型关，台儿庄，八百壮士，游击战争的前进，慷慨捐输，华侨爱国等）向前线后方国内国外，广为传播。又一方面，揭发、清洗、淘汰民族阵线中存在着与增长着的消极性（妥协倾向、悲观情绪、腐败现象等）。再一方面，将敌人一切残暴兽行的具体实例，向全国公布，向全世界控诉，用以达到提高民族觉悟，发扬民族自尊心与自信心之目的。"① 这一指示自然成为新四军新闻漫画宣传的指导思想，贯彻到具体的传播工作中。综言之，抗战时期新四军新闻漫画宣传的内容大略有如下几个方面。

1. 宣传我党的抗战主张

1937 年 8 月 22 日至 25 日，中国共产党在洛川召开中央政治局扩大会议，在会议上由毛泽东提议并通过了著名的《抗日救国十大纲领》：（1）打倒日本帝国主义；（2）全国军事总动员；（3）全国人民总动员；（4）改革政治机构；（5）实行抗日的外交政策；（6）实行为战时服务的财政经济政策；（7）改良人民生活；（8）实行抗日的教育政策；（9）肃清汉奸卖国贼亲日派，巩固后方；（10）实现抗日的民族团结。这个纲领全面地概括了中共在抗日战争时期的基本政治主张，是共产党全面抗战路线的具体化，它既给全国人民指明了争取抗战最后胜利的道路，也从政治上给新四军新闻漫画宣传规定了具体的题材与主题。团结抗战、军民合作、拥军爱民，自然地成为新四军新闻漫画中最常见的表达内容，"欢送参军"是最能体现这一抗战主题的新闻漫画作品，有很多新闻漫画直接就以此作为作品标题，通过相似而不同的形象画面，使党的相关主张被广大群众心悦诚服地接受，并转化为实际的行动（见图 9、图 10）。新四军之所以在强大的敌人面前，艰难百战，愈战愈强，无疑是人民拥护和支持的结果。在民众踊跃参加新四军的行动中，新闻漫画宣传起到了一定的宣传鼓动作用。

---

① 毛泽东：《论新阶段》，《中国共产党宣传工作文献选编（1937～1949）》（2），学习出版社，1996，第 26 页。

图 9　杨涵　欢送参军

（图片来源：杨涵编《新四军美术工作回忆录》，上海人民美术出版社，1982，附图第 12 页。）

图 10　亚明　欢送参军

（图片来源：杨涵编《新四军美术工作回忆录》，上海人民美术出版社，1982，附图第 13 页。）

　　新四军是人民的子弟兵，相互团结、军民合作，当然也包括新四军大力支持群众的生产活动。新闻漫画中大力表现了各种形式的新四军帮助群众进行生产的活动画面，这既能体现军民团结一致的精神，又能凸显新四军与人民鱼水情深的关系。涂克的《军民合作忙夏收》（见图11）、卢芒的《帮助群众收割》（图12）、吴耘的《新四军帮助老百姓插秧》等木刻新闻漫画，都是其中现场感浓郁、表现生动有力的佳作。

图 11　涂克　军民合作忙夏收　1942 年

（图片来源：涂克：《江淮之波——涂克美术作品选》，江苏美术出版社，1984，第 4 页。）

　　新四军受到人民的衷心拥护，这是新四军之所以不断从胜利走向胜利、发展壮大的根本原因。在抗日战争中，新四军和民众亲如一家，前方后方合为一体，新四军在前方浴血奋战，效命沙场，民工在后方踊跃支前，输送粮草，抬运伤员，谱写了一曲曲军民团结抗战的凯歌。杨涵

图 12　卢芒　帮助群众收割

（图片来源：杨涵编《新四军美术工作回忆录》，上海人民美术出版社，1982，附图第 17 页。）

1941 年创作的《运送伤员》（见图 13），就是一幅生动诠释抗日战争是全民族战争的新闻漫画。这幅新闻漫画反映的是新四军临时野战医院的一个画面：画面的右下边，一对民工抬着伤员正匆匆而来。他们的后面，抬伤员的担架络绎不绝，可见战斗得十分激烈。他们的前面，一个担架队员刚放下伤员，急忙再返战场。他们的左边，一个肩背步枪的民兵正挥手指挥着，他与正重返战场的担架队员的手势指向同一个方向，仿佛正在紧急交流前线战场的相关情况。这幅新闻漫画的画面构图颇具匠心，抬担架的民工队伍形成一个半圆，人们的形体动作相互呼应，又各有不同，既有力地烘托渲染了战场的紧张气氛，又淋漓尽致地了刻画了民众爱护军队、积极支前的动人情景。

2. 动员全民投身抗战的大业

毛泽东主席一再强调，抗日战争是一场持久战，争取抗战胜利的唯一正确道路是实行人民战争，进行全民族的动员是争取抗战胜利的重要步骤。"动员了全国的老百姓，就造成了陷敌于灭顶之灾的汪洋大海，造成了弥补武器等缺陷的补救条件，造成了克服一切战争困难的前提。要胜利，就要坚持抗战，坚持统一战线，坚持持久战。然而一切这些，离不开动员老百姓。"[1] 新闻漫画以图像反映生活，形象生动，直观可感，自然是进行民众舆论动员的利器。"全面抗战爆发

---

① 毛泽东：《论持久战》，《毛泽东选集》第 2 卷，人民出版社，1966，第 448 页。

图 13　杨涵　运送伤员　1941 年

（图片来源：杨涵：《杨涵木刻》，上海人民美术出版社，2000，第 32 页。）

之后，一般的知识分子，都深知漫画是极好的宣传工具——无论对民众，对士兵，对敌。"① 在新四军的文化宣传中，新闻漫画确实充当了先锋的作用，无论是鼓动民众参加新四军，号召组织民兵，武装自卫，还是以各种实际行动从不同的角度、不同的方面支援新四军，都充分发挥了舆论动员的作用。如沈柔坚的《坚持原地斗争》（见图 14）、严学优的《生产自救》、吴耘 1942 年创作的《保卫解放区》《不让鬼子抢粮》（见图 15）、《把废铜烂铁捐给新四军造枪炮打敌人》（见图 16）等，把每一阶段的政治和军事任务，通过具体形象的画面表现出来，再配上具有行动方向修辞意义的新闻标题，从而既生动地解释了任务的内容和精神，又具有很强的感染力与示范性，在潜移默化之间达到了指示、引导人们行动的动员效果。特别是《把废铜烂铁捐给新四军造枪炮打敌人》的新闻漫画，画面上两位稚气未脱的儿童，手里拿着捡来的废铜烂铁，主动交给一位新四军战士，他们的脚下有一个篮子，显示出他们这是一种自觉主动的行为。这幅新闻漫画在艺术表现上吸收了中国传统绘画线描艺术的一些手法，注重对人物体态、神情的描摹与刻画，木刻直线的阳刚与线描圆润的阴柔，较为有机地达到了完美融合，虽然还只是粗线条式的勾勒，但人物形象已栩栩如生，如在眼前。在画面整体构图上也注意到了匀称与节奏的掌握，儿童与新四军战士的手势交叉，随风摆动的树枝与刻刀刮出的流云，形成互相呼应、补充之势，使读者的眼光既能自然地集中到画面的中间部分，又能有效地突出视觉的重心，还能顺利地关注到画面的周围，给人一种充满张力而又丰满和谐的视觉之美。

---

① 胡考：《漫画与宣传》，《文艺战线》1938 年第 1 卷第 6 期。

图 14　沈柔坚　坚持原地斗争

（图片来源：杨涵编《新四军美术工作回忆录》，上海人
民美术出版社，1982，附图第 2 页。）

3. 讴歌新四军奋勇杀敌的壮举

1939 年 3 月 18 日，毛泽东在与王稼祥、谭政、萧劲光联名发给八路军、新四军各政治机关的电报中强调："在抗战中，从我们八路军、新四军的干部与战士中涌现出许多民族英雄，表扬这些英雄及其英勇行为，对外宣传与对内教育均有重大意义，各政治机关应该注意收集这些英雄的事迹，除在各部队报纸上发表外，择其最重要者电告此间及广播。"① 热情讴歌新四军及华中抗日根据地民众在战斗中前赴后继、舍生忘死的英雄行为，是新四军新闻漫画最日常性的表达内

---

① 中央文献研究室、新华通讯社编《毛泽东新闻工作文选》，新华出版社，1983，第 48 页。

图 15　吴耘　不让鬼子抢粮　1942 年

（图片来源：吴耘：《吴耘美术作品选》，人民美术出版社，1980，第 11 页。）

图 16　吴耘　把废铜烂铁捐给新四军造枪炮打敌人　1942 年

（图片来源：吴耘：《吴耘美术作品选》，人民美术出版社，1980，第 10 页。）

容，很多战斗故事，乃至战斗细节，只要有条件，都会通过新闻漫画的方式予以表现和传播，以感染和鼓舞军民义无反顾地投身民族解放的伟大斗争中去。杨中流在新四军占鸡岗战斗后创作的《占鸡岗上我骑兵大显身手》（见图 17），就是当时反映新四军骑兵在战斗中奋勇杀敌事迹的一幅新闻漫画。

图 17 杨中流 占鸡岗上我骑兵大显身手 1944 年 11 月

（图片来源：杨涵编《新四军美术工作回忆录》，上海人民美术出版社，1982，附图第 67 页。）

1944 年秋末，日伪军近万人分七路合围"扫荡"我淮南津浦路西抗日根据地，企图将我军包围在安徽省定远县西南蒋集、占鸡岗等地加以消灭。新四军第 2 师第 4、第 5 旅和路西军分区部队与敌周旋半月，以寻觅战机。11 月 19 日，第 5 旅和路西军分区地方武装隐秘运动到进犯我占鸡岗附近的顽军侧翼，乘敌调整部署立足未稳之际，突然出击。第 4 旅骑兵连充分发挥了奔袭快速的优势，连长高和昌一马当先，率领全连如猛虎下山一般，纵马横刀冲入敌阵，与敌短兵相接，展开肉搏，直杀得敌人血肉横飞。敌军一军官被俘时还双手抱头惊呼："太可怕了！"我军其他参战部队紧随骑兵连冲入敌阵，协同展开白刃战。敌人在我军的突然打击下阵脚大乱，节节后退。我军乘胜追击，激战两天，共歼敌 2000 余人，并生俘敌团长 1 名、营长 3 名。我军在后来的另一次战斗中，曾缴获敌人一个公文包，还从中查出一首敌人描绘这次占鸡岗战斗的打油诗："占鸡岗上真悲伤，战马奔腾血乱飞；问君能否记忆起，北上剿匪几人回！"这从另一面反映出在占鸡岗战斗中，我军奋勇杀敌、威震敌胆的英雄行为和壮举。《占鸡岗上我骑兵大显身手》是一幅折页新闻漫画，画面上我骑兵挥刀纵马，军刀闪亮，杀声震天，敌军如无头苍蝇一样，丢盔卸甲，狼狈抱头而逃。新闻漫画的画面上，动感十足，力透纸背，透过画面，人们仿佛还能听到战场震天的呐喊，嗅到战场弥漫的硝烟，令人为之振奋，神往不已。

4. 反映根据地的生产与建设

战争打乱了人们原有的生活节奏和秩序，但生活仍然要继续下去，而且正常的生产与建设还是获得战争胜利的一个必要条件和有力保证。一般的生产与建设活动，是人们在战争期间必不可少的内容，是日常生活的有机组成部分，多角度、立体地反映根据地军民的日常生产与建设工作，是新闻漫画责无旁贷的义务和职责。新四军抗战期间的新闻漫画，不仅大量反映军队的战斗，而且也把笔触伸向他们的日常生活，反映军队的行军、练兵、学习和娱乐；不仅反映民众的拥军、支前等相关战争的行为，还反映他们的生产、赶集、休憩和聊天等日常生活。生产本是一种平常的经济生活行为，但抗日战争期间的生产活动，由于直接关系到能否有效克服因日寇扫荡和国民党顽固派对我解放区封锁而造成的经济困难，关系到能否缓解供需矛盾、支持长期抗战这一问题，而显得具有重大的政治和军事意义。正因如此，1942 年底，中共中央提出"发展经济，保障供给"的方针，号召解放区军民自力更生，克服困难，开展大生产运动，为抗战胜利奠定了雄厚的物质基础，成为中国历史上从未有过的奇迹而彪炳史册。在新闻漫画家的笔下，不仅春耕、夏耘、秋获、冬藏的主题大量出现，而且诸如纺纱、磨碾、拾粪、挖地、修堤、舂米、扬糠、收棉、车水、罱泥、剪草根、植树、赶集、开会、读报等生活劳动情景，也都因为是根据地日常生活不可或缺的一部分而具有了较高新闻价值和认识意义，成为被新闻漫画加以叙述和表现的对象。正是因为有了这些新闻漫画，战争才不是只有炮火连天弹痕遍地的血腥一面，同时也还有安宁、平静、柔和、美丽，令人赏心悦目的另一面。也正是因为有了这些新闻漫画，新四军与华中抗日根据地的这些日常生活，才不因为平凡琐屑而被时间尘封，才在历史的长河中拥有了更为具体而丰富的时代内涵，历史也因此获得了原本具有的细腻性和完整性（见图 18、19、20、21）。

5. 评析世界反法西斯战局

中国自资本主义诞生以来，特别是鸦片战争以后，即被迫卷入了世界市场，成为"世界的中国"① 了。中国的抗日战争是第二次世界大战的重要组成部分，中国抗日战场是世界反法西斯战争东方的主战场之一。毛泽东在《论持久战》一文中，曾提出"国际抗日统一战线的完成"是"中国战胜并消灭日本帝国主义"三个必要条件之一的英明论断。② 胡愈之先生曾呼吁新闻工

---

① 《胡愈之文集》（3），生活·读书·新知三联书店，1996，第 299 页。
② 毛泽东：《论持久战》，《毛泽东选集》第二卷，人民出版社，1966，第 480 页。

图 18　涂克　大生产运动　1943 年

（图片来源：涂克：《江淮之波——涂克美术作品选》，江
苏美术出版社，1984，第 13 页。）

作者加强国际新闻传播："明了国际政治动态与宣传国内抗战真相，这两件事都是非常必要的。
全国新闻是应该用一切方法，打破交通上的困难，建立国内与国外经常的迅速的新闻联络，使我
国抗战不至成为国际的孤立行动。"① 也就是说，新闻传播只有从各国互相联系的视角去纵览世
界大事，评析时代风云，才能高瞻远瞩，发挥新闻的指导性。抗战时期新四军的新闻漫画不仅大
力宣传中国的抗日战争，而且广泛报道和评析整个世界反法西斯的战局，既揭露德、意、日帝国

---

① 《胡愈之文集》（4），生活·读书·新知三联书店，1996，第 43 页。

图 19　杨涵　新四军机关干部开荒　1944 年

（图片来源：杨涵：《杨涵木刻》，上海人民美术出版社，
2000，第 75 页。）

主义集团的法西斯罪行，又报道美、苏、英、法以及有关国家组成的反法西斯联盟的形势和发展
趋势。如《盐阜大众》创刊以后，曾刊登《希特勒吹"牛皮"》等国际新闻漫画，《抗敌报》第
140、143 期在左边报眼的醒目地方，分别刊登《英帝国主义的尾巴被希特勒咬住了！》《日本帝
国主义对那肥美的青蛙馋涎》等新闻漫画。在 1944 年元旦改为铅印的《大江报》第 1 期上，发
表了吴耘的一幅标题为《新年礼炮》的国际新闻漫画，"刻画了以苏联为首的反法西斯阵线的胜
利，德国希特勒快要完蛋，日本帝国主义也跟着要垮台的画面。"① 他的《难兄难弟》（见图 22）
国际新闻漫画，更是以其形象生动、比喻深刻地表达了德、日法西斯即将共同灭亡的必然命运，
而受到漫画史家的广泛好评。这些国际新闻漫画不仅美化、活跃了报刊的版面，使之更为赏心悦

---

① 　吴耘：《新四军第七师美术活动点滴》，载杨涵编《新四军美术工作回忆录》，上海人民美术出版社，1982，第 133 页。

图 20　吴耘　快收快打快碾　1941 年

（图片来源：吴耘：《吴耘美术作品选》，人民美术出版社，1980，第 5 页。）

图 21　莫朴　收获归来　1942 年

（图片来源：杨涵编《新四军美术工作回忆录》，上海人民美术出版社，1982，附图第 32 页。）

目，而且对新四军及华中广大民众开阔认识视野，增强抗战必胜信心，起到了一定的帮助作用（见图23）。

图22　吴耘　难兄难弟　1944年

（图片来源：吴耘：《吴耘美术作品选》，人民美术出版社，1980，第16页。）

三　抗战时期新四军新闻漫画宣传的传播特色

新四军与八路军的新闻漫画宣传都是抗战时期中国共产党领导的新闻和文化事业的一部分，两者自然有着基本的政治文化属性。不过，新四军地处敌人的心脏地带，敌后游击活动地区分散，华中各抗日民主根据地长期受到日、伪、顽的紧密封锁和包围，时时遭受敌人的残酷扫荡和夹击，缺少延安那样相对稳定的社会环境，特定的时空环境、条件，必然赋予和锻造出新四军新闻漫画宣传相对独特的艺术品性和文化气质。综观新四军的新闻漫画宣传工作，在传播方面具有

图 23　卫士向曾梦想在红场阅兵的希特勒报告：红军已攻入柏林市区！　1945 年

（图片来源：江有生：《江有生漫画选》，天津人民美术出版社，1981，第 11 页。）

如下几个显著的特色。

1. 表现形式大众化

新闻漫画宣传在一定意义上属于美术工作范畴，自然需要一定的专业性。新四军的新闻漫画宣传人员，既有来自上海、杭州、广州等大城市美术学校的师生，又有新四军华中鲁艺美术系培养出来的美术人员，更有在部队、民众文化实践活动中逐渐锻炼出来的"绘画通讯员"。这些人员都受过相应或精或粗的美术基本功训练，有一定的专业素养，特别是早期从大城市来的美术工作者，开始比较热衷于"西化"的技法表现，单纯强调"美感"，与广大军民的审美习惯和要求有着较大的距离。1942 年春天，部队在靖（江）泰（兴）地区与渡江北上搞摩擦的国民党顽固派特务武装打了一仗，给他们以很大的打击。有两个做美术工作的同志参加了战斗，回来后决定突击组织一个美术作品展览会。但是，因为大部分同志没有亲身体会，只能根据一些现成的文字材料来创作构思，以致有一幅绘画作品，主题是表现冲锋在前的突击队战士，却用风景画作背景，把战士画成了运动会上赛跑的选手，持枪的姿势都不太准确，脸上还露着笑容。画面上的背景色彩鲜艳而平静，谁也不会感觉到这是战场。在展出之前就有人提出意见，认为这幅画情调不对，可是作者却很生气地反驳说：这是美，没有美算什么艺术？结果展出以后，战士们马上对这幅画提出了批评。有人说：我们突击队的小老虎变成洋学生出操了。有人说：这个战士笑得多够味，好像要跑去领什么奖品似的。更有人不客气地告诉讲解员：这幅画岂有此理，简直是歪曲革命战士的形象！这下子，作者才心甘情愿地取下了这幅作品。从时间发展的角度看，新四军抗日战争期间，前期有些新闻漫画作品的"漫画味"不足，后期特别是1942年毛泽东的《在延安文艺座谈会上的讲话》发表并在根据地广泛传播、学习之后，新闻漫画吸收了我国传统民间绘画如年画白描、线描等艺术表现语言，在形式上才逐渐地民族化、大众化起来，很多新闻漫画受到了广大军民的喜爱，产生了很好的社会影响。如顾朴的《劳动发家》（见图24）这幅宣传性新闻漫画，就很典型地借鉴了民间年画的艺术表现语言和技巧，画面中无论是人物的衣着、神态，还是老人握烟杆的姿势，以及盛粮食的囤子、口袋等，都散发着浓浓的民间年画意味。它可以是一幅宣传画，也可以是一幅年画，又如同新闻中的现场特写，定格着生活中的一个现场鲜活镜头，在娓娓讲述一个情节曲折的故事的一个片段，指引人们去展开丰富的联想。

抗战时期新四军新闻漫画具有贴近读者的特点，很多作者都是战士，熟悉战士的生活与习惯，在创作中常常有意识地选择传播对象熟悉的场景，使用他们熟悉的语言，融汇他们熟悉的形式，如年画、牛印等，不仅创作了大量的单幅新闻漫画，而且常使用连环漫画的形式反映社会生活，以增强新闻漫画的故事性，以便于读者理解，诸如《民兵打鬼子》（见图25），使用连续性的4幅图画，使生活本身的逻辑得到自然呈现。《收复了周家岗》（见图26）则采用单页画报的形式，将图画、文字、符号等多种意义表达元素整合在一个空间，形成一个复合性的意义生产场域，从不同的维度共同促成读者对新闻主题的理解。而洪藏1943年创作的《不让鬼子抢粮！》（见图27），更是将流行于江苏、浙江、安徽、湖南、湖北的民间小曲音乐"泗州调"引入到新闻漫画的创作中，不仅文以图解，图以文释，图文并茂，而且因为文字使用民间小曲的曲调编撰，具有一种音乐的节奏和韵律感，读者阅读时自然会产生一种亲切感。

新四军的新闻漫画工作者，本身就是一个战士，新闻漫画家从生活的方式到艺术的方式都大众化了，他们和他们的艺术对象不仅没有彼此分割，反而水乳交融汇为一体了。与其说他们在表现大众生活，还不如说他们就是在表现自己的生活；与其说他们在创作艺术，还不如说他们在为生活而艺术。正是在这种不为艺术而艺术的新闻漫画艺术实践中，他们建构起了一种全新的充满生机的新闻漫画艺术表达样式。

2. 表达手段木刻化

抗战时期新四军新闻漫画在艺术语言表现方面明显地具有木刻化的倾向。新兴木刻是中国20世纪30年代前后新美术运动发展过程中，在大众化文艺思潮激荡和裹挟下形成并不断发展、

图 24　顾朴　劳动发家

（图片来源：杨涵编《新四军美术工作回忆录》，上海人民美术出版社，1982，附图第 11 页。）

图 25　吴耘　民兵打鬼子　1944 年

（图片来源：吴耘：《吴耘美术作品选》，人民美术出版社，1980，第 19 页。）

壮大起来的一个美术品种，在其成长的初始阶段，曾经受到"中国革命文学之父"鲁迅先生的栽培、灌溉与维护，从 20 世纪 30 年代起，随着民族矛盾的加剧，不少受左翼文艺思想影响的从事木刻创作的青年木刻家，就以木刻的形式进行救亡宣传。全面抗战爆发以后，新兴木刻与抗敌救亡这个最大的现实需要联系在一起，在艺术界迅速获得了广泛的认同，特别是受到很多具有反叛和革命倾向的年轻人的青睐，成为一种大众化的美术运动，"无论是在都市还是在穷乡僻壤，无论是在部队还是在学校、工厂，几乎都有木刻工作者在活动，几乎都能见到以抗战为题材的木刻作品。"① 抗战时期，新四军及其华中各抗日根据地受到敌人的重重封锁，报刊印刷缺乏锌版，

———————————

① 黄宗贤编著《抗日战争美术图史》，湖南美术出版社，2005，第 228 页。

图 26　杨中流　收复了周家岗　1940 年

（图片来源：杨涵编《新四军美术工作回忆录》，上海人民美术出版社，1982，附图第 68 页。）

而木刻作为一种绘画形式，不仅有着制作材料上的易得性和制作程序上的简便性，只要有一把木刻刀和一块木板就可以了，而且作为一种印刷手段也最能发挥和满足广泛传播的效能，可以有效地解决宣传品需求量大，而印刷物质技术又受到限制的矛盾。故而新四军的新闻漫画除了一部分是油印出版外，绝大部分都是先以木刻的形式刻制然后再复制印刷，这本是一种物质技术缺乏环境下迫不得已的权变，但无形之中木刻所拥有的艺术语言却不知不觉、自然而然地转接和融汇到新闻漫画的创作中来，从而丰富和扩大了新闻漫画的表达手段，使新闻漫画获得了木刻艺术的质地和韵味。木刻是在木板上刻制以供印刷或拓印的图画艺术，在长期的历史发展演变中，木刻逐渐形成了自己独特的艺术表达语言，主要在于木刻不仅黑白对比分明，而且有一种独特的刀味与木味（刀法和肌理），给人一种直、硬、力、显、爽的美学感觉。油印漫画由于蜡纸容易破损，无法满足大批量复制传播的要求，因此抗战时期新四军的新闻漫画宣传多以木刻的形式进行印制和传播。这些木刻新闻漫画在审美视觉上，与当时丰子恺、张光宇、叶浅予、廖冰兄、汪子美等国统区漫画大家在铅印报刊上发表的漫画作品风格明显不同，具有一种出于军营战士之手的阳刚之气（见图 28、29、30）。

3. 传播速度及时化

新闻漫画当然应具"新闻"的属性，战争年代的宣传工作尤其对新闻漫画有着争分夺秒的

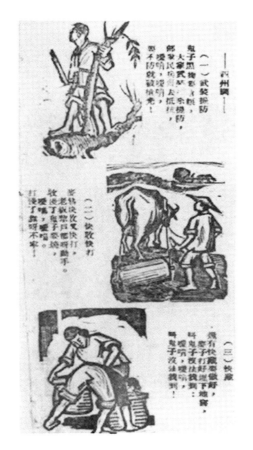

图 27　洪藏　不让鬼子抢粮！　1943 年

（图片来源：转引自夏治国《抗战时期盐阜根据地的美术活动》，南京
艺术学院硕士学位毕业论文，2008。）

急迫性要求。新闻漫画平时多依托报刊作为发表和传播的载体，但报刊出版有着自身的时间节奏，特别是期刊，发表周期比较固定，在时间上相对缺乏灵活性，这与新闻漫画传播的及时性要求必然构成矛盾。抗战时期新四军的新闻漫画宣传很多时候采取发行"前线版"的方式，抢时间、争速度，以在最短的时间内与读者见面，发挥宣传鼓动的作用。如《新四军一夜筑好碉堡》等新闻漫画的发表就是以这样的方式。

新四军 1945 年 9 月 18 日包围了如皋城。如皋守敌是伪军独立 19 旅，大约有 4 个团的兵力。经过外围一夜猛攻，新四军将如皋西、北门城关占领，小部伪军被歼，大部退到城内死守。守敌高据城头，欺新四军没有攻城重炮顽守不降。当时在新华通讯社苏中分社当记者的江有生，对此曾有生动的回忆："哪料我军昨夜一夜之间，在平房屋顶巧妙地用木料、门板、八仙桌、棉被、沙包筑起一座座有三层楼高的'碉堡'，架起轻重机枪，伪军顿时惊失居高临下的优势。在火线

图28　高斯　修好武器杀敌人

（图片来源：杨涵编《新四军美术工作回忆录》，上海人民美术出版社，1982，附图第 4 页。）

图29　吕蒙　磨炼

（图片来源：杨涵编《新四军美术工作回忆录》，上海人民美术出版社，1982，附图第 4 页。）

图 30　沈柔坚　冤枉哉　1943 年

（图片来源：转引自夏治国《抗战时期盐阜根据地的美术活动》，南京艺术学院硕士学位毕业论文，2008。）

现场取得素材后我们退到伪军射程外的地方，立即刻印《新四军一夜筑好碉堡》的《苏中画报》前线版，还有传单，前线版发到攻城部队中大大地鼓舞了斗争。传单则捆在箭上由战士射向城内瓦解伪军的士气。"①《新四军一夜筑好碉堡》（见图31）漫画新闻由三幅图画组成。第一幅图是白天，如皋城内的伪军躲在高大坚固的城楼后面，城门外新四军则在一片平房后面，双方对峙。第二幅图是晚上，虽有月光照明，但不时地被云彩遮挡住，城门内外时而陷入一片黑暗之中。第三幅图是太阳出来后，大地一片光明，城门楼后的伪军都大吃一惊，因为对面蓦然出现了一大片比其所占据的城楼高得多的碉堡。9 月 20 日晚，本是中秋月圆的良宵佳节，竟突然下起倾盆大雨。新四军数千战士在暴雨的隐蔽下蹚水过护城河，守敌意想不到，慌忙中胡乱打枪，又被新四军建立的"碉堡"中强大的火力压制住。新四军遂一举全歼了伪军独立 19 旅全部，顺利地解放了如皋城。② 这幅漫画新闻叙事情节简洁，因果逻辑线索清晰，发表及时，有力地配合了我军的攻城战斗。

4. 作者来源广泛化

新四军新闻漫画宣传工作人员大致有三个方面的来源。新四军成立之初，中共上海地下组织

---

① 江有生：《漫话漫画》，人民文学出版社，2008，第 13 页。
② 胡正强、李海龙：《论抗战时期中国共产党漫画宣传的主题与特色》，《南京政治学院学报》2015 年第 4 期。

图 31　江有生　新四军一夜筑好碉堡　1945 年 9 月 20 日

（图片来源：江有生：《江有生漫画选》，天津人民美术出版社，1981，第 10 页。）

根据中共中央有关支援新四军的指示，以"移民垦荒"名义，前后组织 3 批共 1200 余人到皖南参加新四军，其中大多数是知识分子。中共江苏省委也以慰劳团的名义组织知识分子去皖南，慰劳结束后，大部分人也留下来参加了新四军。这些知识分子中有些人曾是上海美术专科学校、杭州国立西湖艺术专科学校、广州市立美术学校的师生，他们参加新四军，成为新四军开展新闻漫画宣传工作的中坚力量，这也是新四军新闻漫画宣传工作人员的第一种来源。如许幸之、莫朴、吴耘、武石、夏子颐等人，都来自上海美术专科学校，吕蒙毕业于广州市立美术学校，涂克 1935 年进入杭州国立西湖艺术专科学校西画系学习。这些人都受过专业的美术基本功训练，有很高的美术素养。其中许幸之 1922 年毕业于上海美术专科学校，与创造社郭沫若、成仿吾、郁达夫等人交往过从甚密，1924 年进入日本东京美术学校西洋画科学习，他还是当时中国左翼作家联盟麾下的中国左翼美术家联盟的第一任主席。这部分人是新四军新闻漫画创作队伍中的骨干力量。第二种来源是新四军自己培养的一批新闻漫画宣传的专业人才。1945 年 1 月 25 日，皖南事变爆发后不久，鲁迅艺术学院华中分院在盐城东北原教育局旧址创办，刘少奇兼任院长，丘东平任教导主任，先后共有师生 500 余人，是华中地区当时我党培养抗日文艺人才的最高学府。该校设置了文学、戏剧、音乐、美术四个系，美术系人数最多，学生有 50 多人。美术系课程三分之一是全院学生共修的"论持久战"、"社会发展史"、"文艺概论"以及军事课，三分之二是素描、速写、宣传画实习课，技法理论有解剖和透视，素描和宣传画的实习时间又差不多占到专业课的三分之二。这一期学生，原来计划学习一年，但 1941 年 7 月反"扫荡"战役结束之后，敌人眼看着苏北抗日根据地成为心腹之患，对根据地的骚扰日益频繁，苏北形势越来越紧张，为避免拖累作战部队，1941 年 9 月，有关领导决定将一部分可以工作的同学先分到连队和地方工作，其余的分在军政治部和第三师政治部，各成立一个鲁艺文工团，教员也随着分配下去，带领同学继续学习，结合需要做些宣传工作。第三种来源是在部队中培养起来的"绘画通讯员"。新四军一些部队在连队培养、组织了"战士绘画组"，向部队所办的报刊寄送他们创作的新闻漫画，从各方面描绘战士们的战斗生活。如新四军第一师第三旅有一位战士画家王干臣，是一位勇敢的机枪手，一次他把自己绘制的一组描绘三阳镇战斗的连环新闻漫画交给负责《先进画报》的编辑，在报上刊登出来后，在部队中流动展览，正巧被苏中军区政治部主任钟期光同志看到了，不禁大为称赞，后来还以军区政治部的名义通令嘉奖。① 新闻漫画宣传也属于美术范畴，具有一定的专业性，抗战时期新四军新闻漫画作者来源的广泛性，决定了新四军美术宣传工作有着雄厚的人才队伍基础，这是保证新四军及华中抗日根据地在物质极为匮乏、生活动荡不定的艰苦环境下，新闻漫画能够持续发展繁荣、形成美术运动的最重要的决定性因素之一。

新闻漫画是语言和图像相互接近与过渡而产生的一种跨界性报道体式，它介于文字与图像之间，兼有二者之长，历来受到人们的重视，成为舆论动员的重要形式之一而受到人们的青睐。强烈的战斗性、鲜明的倾向性、形式的多样性、方法的灵活性，是抗日战争时期新四军新闻画宣传的基本传播特征，在动员舆论、凝聚人心、鼓舞士气、促进生产、瓦解敌人以及活跃和丰富根据地军民文化生活等方面，都发挥了巨大的作用。当然，由于所处环境流动多变、物质条件匮乏，加之服务和满足战争的当下性，抗战时期新四军的新闻漫画宣传确有部分作品是应急之作，局限于对某种现象的摄取，对某种场景的记录，缺乏对生活的深度提炼和本质触摸，艺术表现力度不够，有些作品的漫画技法甚至还比较简略和粗糙，但战地黄花分外香，它毕竟是时代的记录，虽然可能不一定是历史性的伟大杰作，但却定格了伟大历史的许多侧面和瞬间，是值得我们今天加以继承的一笔宝贵的精神财富。

参考文献

[1] 杨涵编《新四军美术工作回忆录》，上海人民美术出版社，1982。

---

① 赵坚：《油印机——战斗的伙伴》，载杨涵编《新四军美术工作回忆录》，上海人民美术出版社，1982，第 54 页。

［2］黄宗贤编著《抗日战争美术图史》，湖南美术出版社，2005。

［3］吴耘：《吴耘美术作品选》，人民美术出版社，1980。

［4］杨涵：《杨涵木刻》，上海人民美术出版社，2000。

［5］涂克：《江淮之波——涂克美术作品选》，江苏美术出版社，1984。

［6］江有生：《江有生漫画选》，天津人民美术出版社，1981。

［7］江有生：《漫话漫画》，人民文学出版社，2008。

［8］王传寿主编《烽火信使——新四军及华中抗日根据地报刊研究》，合肥工业大学出版社，2010。

［9］胡正强：《中国近现代漫画新闻史》（上、下），人民出版社，2018。

On the dissemination mode, content and characteristics of news cartoons of the new fourth army during the Anti – Japanese War

Hu Zhengqiang

Abstract：In the process of the development of the New Fourth Army and the central China anti – japanese democratic base area, news cartoons have played a great and positive role in mobilizing and organizing the people to join in the war of resistance against Japan, inspiring the fighting morale, promoting the production construction, and enriching the military and civilian cultural life. Wall paintings, cloth paintings, mimeographed and printed newspapers and leaflets of "pictures" were the main ways and carriers of news cartoons of the New Fourth Army during the Anti – Japanese War. The basic contents of the news cartoons of the New Fourth Army are to publicize the Chinese Communist Party's Anti – Japanese War propositions, to mobilize the whole people to join in the great cause of Anti – Japanese War, to eulogize the heroic deeds of the New Fourth Army to fight against the enemy, to reflect the production and construction of the base areas, and to evaluate and analyze the world anti – fascist war. Popular forms of expression, the means of expression of woodcut, the speed of dissemination of timely, the author of a wide range of sources, is the main characteristics of the New Fourth Army news cartoons during the Anti – Japanese War.

Key words：the New Fourth Army, News cartoon, Dissemination way

从"出现"到"变现"：
自媒体创业中的社会资本结构分析

—— 以 papi 酱为例

余星馨　李天语*

摘　要： 近些年，移动互联网和智能手机的高速发展，使普通网民用户的数字内容生产更加便捷，越来越多的"草根用户"一跃成为"自媒体人"，涌入自媒体创业大军。因此，自媒体创业在形成体系后，如何更迭与进化？本文从社会资本的理论视角出发，以 papi 酱自媒体为例，旨在探究自媒体创业现象中社会资本的构建形态，以及社会资本与自媒体"商业变现"之间的关联性。

关键词： 自媒体创业　社会资本　商业变现

一　互联时代：自媒体与社会资本的"联姻"

中国自 1994 年接入世界互联网，至今的二十多年里，网络通信技术在中国发展迅猛。截至 2017 年 12 月，中国网民规模达 7.72 亿人，相当于整个欧洲的人口总量，同时，互联网的普及率达到 55.8%，超过全球的平均水平，达 4.1 个百分点[①]。中国已然成为互联网网民规模全球第一的网络大国。

同时，移动通信技术也日新月异，高速的移动互联网和智能手机的广覆盖与普及性大大便捷了普通用户的数字内容生产。手机等移动终端不断挤占其他个人上网设备的使用时间，其主导地位进一步加强，2017 年底，中国手机网民的规模达到 7.53 亿人，网民中使用手机上网的人群占

---

* 余星馨，清华大学新闻与传播学院硕士；李天语，清华大学新闻与传播学院博士。

① 数据参见中国互联网络信息中心《第 41 次中国互联网络发展状况统计报告》，http://www.cnnic.net.cn/hlwfzyj/hlwxzbg/hlwtjbg/201803/P020180305409870339136.pdf。

比高达 97.5%；移动支付用户规模持续扩大，用户使用习惯进一步巩固，网民在线下消费时使用手机网上支付的比例达 65.5%[①]。微信公众平台、今日头条等自媒体的成长环境进一步成熟，大大改变了网络数字内容的生产和传播方式，更加直接、深入而广泛地影响着社会公众的生活。在信息消费市场中，公众也更加依赖数字媒体平台。

公民用户数字内容生产能力的解放，消费意愿和行为的强化，共同推动了新媒体内容生态的持续发展。越来越多的普通网民不仅开始自主运营属于个人的自媒体，甚至选择以此作为"生存之道"。从广义上而言，自媒体创业包括所有以创造优质内容为手段的创业方式，它以用户数和阅读量为目标，与注意力经济密切相关，使高质量原创内容的影响力和商业价值凸显。

在新榜 2018 年 1 月发布的《2018 年内容创业年度报告》显示，2017 年微信公众平台一共产生了 42 万篇"10w+"的内容。短视频行业也在 2017 年获得了蓬勃的发展，"快手"平台的月独立设备数达 1.6 亿台，"抖音"的月独立设备数也达到了 7007 万台[②]。众媒时代，自媒体的内容和呈现方式更加多元，发展如火如荼。网络技术和智能终端的普及，新媒体平台的逐渐成熟与完善，用户内容消费需求的增强等，使普通公民有了低门槛、近乎零成本的表达平台；公民数字内容消费意愿和行为的增强也为自媒体发展与创业营造了良好的生态环境。互联网从诞生之初，由于其超越了时间和空间的局限，对于社会关系、社会结构与组织的影响与重建作用不容忽视。新媒介的发展在承载原有的社会关系的基础上，通过信息传递和交流维系创造着新的跨越时空的社会关系。普通用户在使用新兴媒介维持原有的社会关系，建构新的社会关系时，寓于社会关系网络中的资源——社会资本在这一过程中是否能为普通的互联网用户所获得？在如火如荼的自媒体创业大潮中，社会资本又是以怎样的形式体现？

社会资本，这一社会经济学的概念被引入传播学领域以来受到了学者的广泛重视，尤其是在媒介经济学领域，社会资本的理论应用较为广泛。本文所关注的自媒体是指：伴随着互联网，尤其是移动互联网的发展与普及，通过论坛、微博、微信、视频直播等社交网络平台，以文字、图片、音频、视频等多种媒介形式，自主生产严肃性或非严肃性信息内容的草根网民个体。自媒体依托着互联网技术超越时空局限地构建着新的社会关系，形成了通过光纤和数字织成的巨大的传播关系网络。社会资本凝结于社会关系和网络结构之中，与自媒体的发展和创业的成功与否具有重要的关联。因此将社会资本的理论引入自媒体，尤其是自媒体创业这一领域具有重要的理论研究价值。

---

① 数据参见中国互联网络信息中心《第 41 次中国互联网络发展状况统计报告》，http：//www. cnnic. net. cn/hlwfzyj/hlwxzbg/hlwtjbg/201803/P020180305409870339136. pdf。
② 数据参见新榜《2018 年内容创业年度报告》，https：//mp. weixin. qq. com/s？＿＿biz＝MzAwMjE1Njcx。

二 特征凸显：社会资本的意义建构

社会资本是由经济学术语"资本"发展而来的。陈柳钦（2007）在对社会资本主要理论研究观点进行综述时指出，社会资本概念的使用最早可以追溯到西方经济学家 Glenn C. Loury。自社会资本的概念诞生以来，吸引了经济、社会、政治、文化等各个研究领域的关注。正由于跨各学科的这一特征，学界对社会资本的概念界定仍未达成共识。不同的学者从不同的层面来认识社会资本的概念。皮埃尔·布尔迪厄（Pierre Bourdieu）和林南从微观的个体层面来解释社会资本。詹姆斯·科尔曼（James Coleman，1988）将社会资本定义为社会结构，从中观层面对社会资本进行分析。罗伯特·普特南（Robert Putnam，1993）和弗朗西斯·福山（Francis Fukuyama，1999）则是从宏观层面认识社会资本的代表学者。

国内对社会资本的研究可以追溯到二十世纪八九十年代。张其仔（1997）将社会资本定义为社会网络，他认为社会资本是重要的人际关系，是资源得以配置的途径，是一种公共物品，是存在于人际关系间的一种无形的资本，对经济增长、劳动力转移、技术创新和制度创新有所影响。顾新等（2003）强调社会关系网络之中的资源本身不是社会资本，资源的获取能力才是；社会资本由信任、互惠的规范和网络组成；社会资本具有共享性、不可让渡性和独特性、无形性、长期累积和路径依赖性、可塑性、嵌入性。边燕杰（2004）则认为社会资本是关系网络中嵌入的可转移的资源，关系网络是积累、获得和使用社会资本的前提；关系网络是稳定的、非正式的，因行为、情感投入而变化的。

根据国内外学者的定义，我们可以看出一些共性，区别于其他形式，社会资本具有以下特征：一是社会资本寓于组织结构和社会关系之中；二是社会资本具有无形性，其表现形式大致包括关系网络本身、信任、规范等；三是社会资本具有一定的公共物品性，即非竞争性，个体对于社会资本的获得和使用并不会对其他个体所享有的社会资本产生数量或质量上的消耗；四是社会资本具有生产性或功能性，即能够促进个体目标的实现、集体或组织高效运转。

目前学界对于社会资本的分类主要有以下两种标准。

一是根据社会关系的强弱，可以分为以弱关系为基础的联结社会资本（Bridging Social Capital），以同质网络强关系为基础的黏合社会资本（Bonding Social Capital）（毕莹莹，2015），维持已经建立的社会关系的维持社会资本（Maintained Social Capital）（Ellison，2007）。

二是 Janine Nahapiet 和 Sumantra Ghoshal（1998）将社会资本分三个维度：结构维度（Structural Dimension）、关系维度（Relational Dimension）和认知维度（Cognitive Dimension）。

本文将借鉴 Janine Nahapiet 和 Sumantra Ghoshal 的维度分类方式以及林南的个体社会资本指

标体系，将自媒体创业过程中的社会资本划分为网络结构层面、认知层面和关系层面。通过社会网络分析和问卷调查的研究方法，探究以 papi 酱为例的自媒体人在创业过程中构建的社会网络形态，获得社会资本的结构及与商业变现之间的关联。

三 相辅相成：自媒体创业中的社会资本结构——以 papi 酱为例

在网络信息时代，社会中获得权力和资本的游戏规则正在发生悄然的转变，传统的权力和资本等日益呈现出知识化、信息化的传播倾向。依托互联网技术的新媒体具有开放性、交互性、即时性、低门槛、平等性、去中心化等特性，普通网民日益同等地获得自我表达、自我展示、以自我为中心的传播网络构建的自由与可能。

新媒介的技术发展使图文、音频、视频等自媒体集成平台不断发展，激发了草根网民创办自己的自媒体账号的内在动力，越来越多的草根用户群体开始依托这些平台自主传播个人意见、付诸行动，并希望借此产生价值，获得资本。自媒体的创业变现过程，无论采用何种盈利模式都可以看作自媒体首先获得社会资本，之后实现商业变现的过程。

papi 酱作为第一批新兴的短视频自媒体，在创业过程和商业变现方式上具有典型性，本文将以 papi 酱为例，分析自媒体在内容生产和传播过程中获得的社会资本及其对商业变现的影响。

papi 酱，本名姜逸磊。2013 年 8 月，新浪首先尝试微博中的短视频功能。直至 2015 年 7 月，papi 酱开始运用秒拍、小咖秀等短视频软件在微博平台上发布短视频内容。2015 年 11 月 7 日，"台湾腔说东北话"的话题登上了微博热搜，凭借这一系列对生活中各种方言的搞笑吐槽，papi 酱真正开始走入公众视野。根据图 1 微博账号"@社会网络与数据挖掘"2016 年 3 月 4 日对 papi 酱微博内容的评论的监测，可以看出，"台湾腔说东北话"是 papi 酱引起公众热议的第一个小高峰。

之后，papi 酱紧跟双十一、圣诞节、电影、新年、春节等节日不断制作原创视频维持关注度。同时持续更新与语言、方言相关的生活经历类吐槽，如台湾腔、东北话、英语、上海话等；恋爱关系、闺蜜关系等人际关系类吐槽，如"男性生存手册""有些人一谈恋爱就招人讨厌""女人贬损女人"等。通过这些与公众日常生活经历联系密切又真实的系列视频作品，papi 酱最终引爆了微博。

（一）网络结构层面的社会资本

自媒体创业中网络结构层面的社会资本，关注自媒体人进行内容传播时在互联网上形成的虚拟的社会传播关系网。这一传播关系网将每一个参与其中的网民个体均作为一个节点（node），

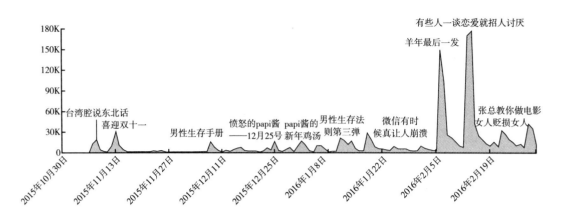

图 1　papi 酱微博引起的关注量变化

资料来源：《风水轮流转：微博网红变迁之路》，http://weibo.com/ttarticle/p/show? id = 2309403966709471041854#_ 0。

而网民之间存在的包括关注、阅读、转发、评论、点赞等单向或双向的关系作为一条边（tie），从而实现对复杂的社会关系网络进行抽象化和模型化。模型图的一系列指标，网络规模、网络层级、网络嵌入的资源大小、自媒体人在网络中所处的位置极大地影响着自媒体人能够获得的社会资本。

1. papi 酱传播网络规模巨大

以 papi 酱为例，随着其受关注程度的不断提高，粉丝日益增多，逐渐构建起属于自己的一张传播社会网络，且规模巨大。目前 papi 酱微博平台粉丝数量达 2826 万人，秒拍平台的粉丝数量达 3019 万人。2017 年 7 月以来，一年时间，papi 酱共发布原创创意短视频 36 条，平均每条视频的播放量超过 4295 万次，转发量平均每条视频超过 8 万次，平均每条视频的评论数近 7 万条，点赞数平均每条视频超过 22 万个。papi 酱在互联网平台上所形成的传播网的规模可见一斑，其内容传播所覆盖的巨大群体蕴含的社会资本能量巨大。

2. 以 papi 酱为中心、传播层级少的球状网络

以 papi 酱 2016 年 2 月初步崭露头角时发布的现象级微博《papi 酱的羊年最后一发！！》及最新发布的《让永远占理的人都去当世界杯裁判》为例，通过其微博的转发网络图（见图 2 和图 3），我们能够对其构建成的传播关系网络性状有大致的把握。

截至 2018 年 7 月 11 日，papi 酱创业初期《papi 酱的羊年最后一发！！》这一条吐槽微博共获得了 201684 次转发，78485 条评论，386430 个点赞。由图 2 中我们可以看出转发层级以一层的直接转发为主，占 83%。整个传播网络呈现球状特征，papi 酱在网络结构中处于最中心的位置，与网络公众产生最直接、最确定的联系。

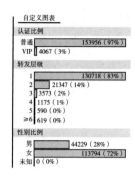

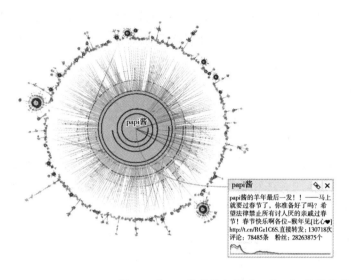

图 2　《papi 酱的羊年最后一发！！》微博转发网络结构

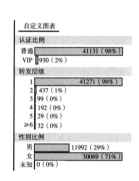

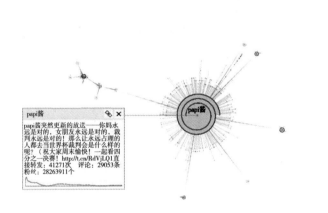

图 3　《让永远占理的人都去当世界杯裁判》微博转发网络结构

最新发布的《让永远占理的人都去当世界杯裁判》这条视频内容截至 2018 年 7 月 11 日获得了 42836 次转发，29038 条评论，131264 个点赞。如图 3 所示，与 papi 酱内容创业之初类似，转发网络结构层级仍以一层转发为主，占 98％。整个传播网络依然呈现球形特征，papi 酱的中心位置始终没有发生根本变化。

3. papi 酱位于其他自媒体人与公众传播网络的居间位置

此外，papi 酱招募的其他自媒体人共同组成的 papitube 工作室使 papi 酱同时嵌入其他自媒体人的传播关系网络之中。由于 papitube 的自媒体人在早期个人传播范围和影响力有限，与需求公众之间事实上存在社会网络的结构洞。而 papi 酱作为桥梁，可以填补这一缺口，将自媒体人的优质内容与需求公众联系起来，进行资源交换。

4. papi 酱传播网络嵌入资源较多

网络嵌入资源与网络成员的成分即网络成员的社会结构性地位密切相关。通过对 papi 酱的传播关系网络中成员相关数据的分析，可以看出：在省份比例当中，papi 酱传播网络中成员多居于北京、山东、江苏、上海和广东等省市以及其他东南沿海省份。

本文共发出《对 papi 酱自媒体内容的关注和使用》问卷调查 350 份，在回收的 304 份了解并关注 papi 酱的有效样本中，其中 62.17% 的受访者居住在北上广深等一线城市，另有 23.03% 的受访者居住在其他各省省会城市中；大学本科及以上学历的受访者占 83.7%；而职业类型中，以在读学生（38.49%）和企业白领（28.95%）为主，公务员/事业单位/教师/医生等占比为 18.09%；月花销超过 2000 元的受访者占 66.77%，其中超过 5000 ~ 10000 元的受访者占 7.89%，另有 6.58% 的受访者月花销超过 10000 元。这些数据结果可以大致勾勒出 papi 酱所形成的传播网络中网络成员的成分情况。根据国家统计局的数据，2015 年中国居民消费水平为平均每人每月消费 1309.4 元，城镇居民的消费水平为每人每月消费 1782.7 元[①]。因而 papi 酱的关注者中大部分居住在相对发达的城市之中，受教育水平高，且职业类型相较而言处于社会中较高的地位，且人均消费水平高。

总体而言，papi 酱个人所构建的传播关系网络规模巨大；网络中的成员社会结构型地位较高；网络嵌入资源相对较多；关系网以 papi 酱为中心呈球状分布，且网络层级以一层传播层级为主；传播路径短、传播效果强，papi 酱几乎可以直接到达每一位受众，与他们发生直接的良好的联系；papi 酱与每一位网民在传播关系上蕴含了丰富的社会资本。

而从其商业变现的表现来看，papi 酱获得的 1200 万元融资，拍卖视频贴片广告获得的 2200 万元收入，成为均价 10 万元的名牌手表的代言人等，即是其所构建的巨大的传播关系网络蕴含的网络结构社会资本的外化体现。此外，papi 酱作为 papitube 的创始人，吸引了许多其他自媒体人加入其内容创业的阵营，在这些自媒体人的传播网络中，papi 酱填补了他们与普通网民之间原本存在的结构洞，使自媒体人与原本不知晓他们的公众建立了一定联系，这一桥梁和居间位置也为 papi 酱带来了更多的社会资本。

（二）认知层面的社会资本

自媒体创业中认知层面的社会资本指在自媒体人形成了虚拟的传播关系网络之后，与网络中

---

① 数据参见国家统计局年度数据查询，http：//data.stats.gov.cn/easyquery.htm？cn = C01。

的受众拥有共同的兴趣、共同的目标、共同的符号语言和意义系统。这一层面的社会资本通过自媒体人与受众共同感兴趣的内容定位、一致的目标和动机、共享的场景情境、共通的符号和语言系统等表现出来。

自媒体的内容定位由自媒体人所决定，首先是其自身感兴趣并有所擅长的领域。而随着Web2.0时代社会化媒体的升级，互联网上以关系为核心的社群聚合现象大量涌现，打破了以往以地域、血缘等为根据的文化限制，以兴趣和爱好为缘由的趣缘社群占据了日益重要的地位。因而如果自媒体人能够挖掘出与互联网用户共同的兴趣，满足用户的自媒体使用动机和目标，从而对自己的内容进行合理定位，那么受众对于内容的认可度、接受度和欢迎度自然有了长久而持续的保证，从而实现传播的关系网络的巩固和不断扩展。papi酱自媒体平台，往往是契合当下时代主题，紧贴社会热点进行内容生产。更为重要的是，他们注重选取与普通人日常实际生活相贴近的话题，如"圣诞节的来历""致某些讨人厌的亲戚"等。

自媒体人为内容所设定的场景和情境如果能够给受众带来现场感和真实感，从而使受众产生共鸣，也能够产生认知层面的社会资本。papi酱制作视频的背景是她的公寓，避免了传统的视频节目的演播厅、后期制作的背景等带来的疏离感和不自然，视频中随处可见的沙发、电视、茶几、家里养的宠物猫等，都让观众体会到一定程度上的亲近感，从而进一步拉近自媒体人与观众之间的联系，让观影者（观众）与被观影者（papi酱）之间的心理距离感逐渐消解。

网民受众在接触信息的同时，倾向于选择与自己已有的符号和意义系统相近的内容。自媒体人需要了解现阶段流行的互联网表达和意义符号系统，共同的语言是交流和沟通、构建关系的前提。在此基础上，自媒体人通过内容塑造个人形象符号，并创造性地形成类似于口号、标签等的个性化的独特的表达方式。例如，papi酱在视频内容中完全甩开形象包袱，通过夸张的表情、加速变声的嗓音、犀利毒舌的调侃来对公众关心的社会热点事件进行吐槽，突显了其思维的敏捷、性格的豪放、说话方式的搞笑。同时"我是papi酱，一个集美貌与才华于一身的女子"，在每一个短视频的尾声，papi酱总会以这句话结尾，给用户以重复的信号刺激。这样的人物符号建构方式，能够潜移默化地影响受众的语言表达习惯和行为方式，将受众纳入一定的语境文化范畴中，从而实现共通的符号和语言系统的进一步强化，提升认知层面的社会资本。

（三）关系层面的社会资本

吴筱玫（2003）认为网络虚拟社群的重要特征之一是凝聚力和认同。关系层面的社会资本这些相对主观和心理的因素在交流和互动的过程中会使较为松散的传播网络向更为规范化的社群，甚至是粉丝群体演变，从而影响成员的需求和意愿，进一步促成实际行动。受众的需求、意愿和行动是自媒体人关系层面的社会资本的外化表现。而传播网络中的成员对于自媒体人内容和产品的支持、传播和付费的意愿和行动是自媒体创业能否最终成功实现商业变现的关键一环。

蕴含于 papi 酱的传播网络关系中的资源，由于共享的认知系统而被进一步强化。基于关系紧密程度、信任程度和互惠体验的资源、认同感和归属感，会影响受众的意愿和需求，从而促进其内容支持和消费支持的意愿和行为等。

papi 酱与网络成员的互动主要有四种形式：一是通过回复微博、微信公众平台等账号下的评论进行互动；二是通过微博、微信等在线互动，如转发抽奖等；三是通过视频直播的方式进行互动；四是通过线下的活动进行互动。

从公众与 papi 酱交流的热情程度来看，papi 酱微博的超高转发、评论和点赞数可见一斑。papi 酱对公众的回复在微博平台并不突出；在微信公众号里，在 papi 酱推送的内容中选出的 50 条精选留言中，获得回复的比例约占三分之二。在微博平台上转发抽奖、在线回答网友提问、发红包等活动中，从 2015 年 7 月至 2018 年 7 月 11 日，papi 酱在微博中共组织了不到 10 次活动；而 2016 年 7 月 11 日的线上直播在八大直播平台同时进行，吸引了全网超过 2000 万的观看人数；线下活动以 papi 酱参与的颁奖等活动为主，除此之外，papi 酱个人组织了一次街头采访，与公众进行互动。总体而言，papi 酱始终保持与传播网络中成员的互动，但互动的频率相对较低，关系的紧密程度也有待提高。

在问卷调查中，对 papi 酱的视频内容可信赖度的问题，53.29% 的受访者表示中立，29.3% 的受访者选择比较相信，5.3% 的受访者选择非常相信；58.7% 的受访者对 papi 酱个人的可信程度表示中立，20.4% 的受访者表示比较相信，4.3% 的受访者表示非常相信。可以看出，papi 酱在公众心中的信任程度仅处于中等偏上的水平。

而对 papi 酱的原创内容所能带来的互惠体验的调查中，74.7% 的受访者表示能够从 papi 酱的视频内容中获得娱乐和放松心情的体验，63.3% 的受访者认为 papi 酱的内容能够让自己心情变好。但在对 papi 酱内容的依赖程度的量表调查中，在借鉴了网络成瘾量表后，通过对心情不好观看之后是否能感觉变好、使用时间是否比预计时间长、是否主动关注内容更新、无法看到更新是否会不开心、是否拖延了学习或工作任务、是否不断增加单次观看时间、思维和行为模式是否受到影响等问题的设置，从 1 分到 5 分数值越大代表依赖程度越深，最终 304 份有效样本获得的量表总分为 3.16，即公众对 papi 酱产生了一定程度的依赖，但依赖感十分有限。

从关系层面的社会资本获得情况来看，papi 酱与传播网络成员之间的关系强度依然较弱，信任程度也有待提高，其能够提供给公众互惠的心理体验，但实用性较低，而公众对其产生的依赖感和归属感也很有限。

虽然在认知层面，papi 酱能够获得相对较多的社会资本，但是在关系层面，其社会资本获得的成果比较不足。相应地，将 papi 酱的认知层面和关系层面的社会资本转化为传播网络中的成员的内容支持、消费意愿和具体行动时，68.4% 的受访者表示喜欢 papi 酱的自媒体内容，61.7% 的受访者表示愿意通过转发等方式传播 papi 酱的内容，56.3% 的受众还会关注 papi 酱推荐的 papitube 的其他自媒体人的内容。但在具体的消费意愿方面，愿意付费观看 papi 酱内容的受众仅占 10.2%，愿意购买 papi 酱视频内容的相关周边产品的受访者仅占 9.5%。

（四）网络结构—认知—关系层面的社会资本

自媒体创业中网络结构层面、认知层面和关系层面的社会资本相互区别，从不同层面为自媒体创业者带来潜在的资源和利益，从而完整地构成整个创业过程中自媒体人所能够拥有的社会资本。

同时，这三个层面的社会资本又呈现出线性推进的关系和一定的协同效应（见图 4）。形成虚拟的传播关系网络是实现共享的价值观、意义符号系统，实现信任、互惠、认同和归属的基础，因而网络结构层面的社会资本是认知层面的社会资本和关系层面的社会资本得以实现的基石。而共享的价值观和意义符号系统巩固强化了传播关系网络，也催化了信任和认同的产生，因而认知层面的社会资本使网络结构层面的社会资本得以稳固，并推动了关系层面的社会资本的产生。关系层面的社会资本作为网络结构、认知层面的社会资本的结果，其蕴含的信任、认同、归属和互惠反过来使传播网络的结构更加强化，甚至向规范化的社群、粉丝群体演变，也进一步增强了价值观和意义符号系统的一致性。关系层面的社会资本通过受众对自媒体内容和产品的支持、传播和付费的意愿与行动外化显现，最终影响到自媒体的商业变现和创业是否成功。

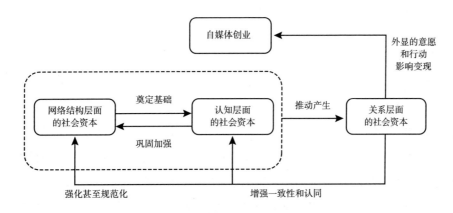

图 4　自媒体创业中三个层面的社会资本

四 水到渠成：自媒体创业中社会资本"变现"

本文认为，现有的自媒体的商业模式包括：传统型——通过内容付费、受众注意力打包出售给广告主，从而实现商业变现；粉丝社群型——通过以内容形成趣缘社群甚至共享价值的粉丝社群等，再以会员制、会员产品服务或跨界电商的模式实现最终创业（见图5）。

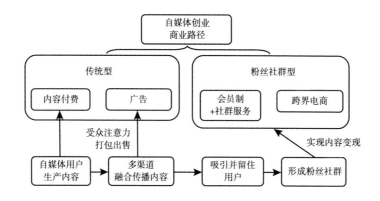

图5 自媒体创业过程中的商业路径和变现模式

事实上，在社会资本获得的过程中，传统型的商业模式对应的是社会资本获得的前期，即更多的是网络结构层面的社会资本，通过将巨大的传播关系网的网络规模、网络成员成分、网络层级、中心位置等所蕴含的社会资本量加以变现。广告主重视自媒体人所能够带来的传播范围和影响力，并且关注其传播网络成员的社会地位及潜在消费力。而付费内容能够盈利多少同样与网络规模、网络成员的成分、自媒体人的号召力和直接影响力等密切相关。

而粉丝社群型的商业模式则提出了更高的要求。正如费孝通在《乡土中国》中提出的"差序格局"的概念，传统的中国社会是以个体的血缘和宗法关系为纽带，随着圈层的扩大，关系逐渐减弱，形成差序，个体对于距离其越近的他人越易产生亲近和依赖。相类似的，在 papi 酱等自媒体人形成的虚拟传播关系网络中，同样存在"差序格局"，是以认知层面的社会资本、关系层面的社会资本为依据的。认知层面的社会资本带来的是共同的价值观与意义符号系统，关系层面的社会资本在此基础上更强调成员对自媒体人的紧密程度、信任程度和依赖程度。这两种社会资本事实上将网络成员以"差序格局"的方式层层划分。稍有不同的是，产生情感依赖和相应行动的并不是位于中心的 papi 酱等自媒体人，而是越靠近中心的网络成员，对自媒体人及其原创内容越为认同、信赖和支持。因而，粉丝社群型商业模式所依靠的会员制、电商等在很大程度上要求认知和关系层面的社会资本的丰厚累积。

papi 酱将其个人的优势和特长与短视频的传播形式相结合，通过强表现力、张力，强趣味性、交流感、代入感，塑造了具有鲜明个性特征和标识的形象，突出了与其他自媒体创业者的差异化和独特性，契合了公众贴合生活又追逐个性化的需求和消费心理。因而 papi 酱得以构建了巨大的、以自己为中心的球状传播关系网。且由于其网络成员较为年轻、社会结构性地位相对较高、消费水平相对较高，其在融资过程中、广告代言过程中较为顺利，且能够作为名牌腕表、跑鞋的代言人。但是，papi 酱虽然与公众能够形成一定程度上对情景、符号和叙事的共同认知，但在关系强度、信任程度和依赖程度上仍然较为薄弱，因而关系层面的社会资本较为欠缺，使其网络成员对其涉及电商的盈利模式的消费支持意愿有限。

参考文献

陈柳钦：《社会资本及其主要理论研究观点综述》，《东方论坛》2007 年第 3 期，第 84 页。

张其仔：《社会资本论：社会资本与经济增长》，社会科学文献出版社，1997，第 27 ~ 31 页。

顾新、郭耀煌、李久平：《社会资本及其在知识链中的作用》，《科研管理》2003 年第 5 期，第 44 ~ 48 页。

边燕杰：《城市居民社会资本的来源及作用：网络观点与调查发现》，《中国社会科学》2004 年第 3 期，第 136 ~ 146 页。

毕莹莹：《微博用户的社会资本度量方法》，华南理工大学硕士学位论文，2015。

〔美〕林南：《社会资本：关于社会结构与行动的理论》，张磊译，上海人民出版社，2005。

吴筱玫：《网络传播概论》，智胜文化，2003，第 171 页。

Bourdieu P. , *The Forms of Capital Handbook of Theory and Research for the Sociology of Education* (New York：Greenwood Press，1986)，pp. 241 – 258.

Coleman J. , "Social Capital in the Creation of Human Capital," *American Journal of Sociology* 94 (1988)：95 – 120.

Putnam R. , *Making Democracy Work：Civic Tradition in Modern Italy* (Princeton University Press，1993).

Francis Fukuyama, *Social Capital and Civil Society* (The Institute of Public Policy International Monetary Fund，1999).

Janine Nahapiet and Sumantra Ghoshal, "Social Capital, Intellectual Capital, and the Organizational Advantage," *Academy of Management* (1998)：242 – 266.

Ellison N. , Steinfield C. , Lampe C. , "The Benefits of Facebook 'Friends'：Social Capital and College Students' Use of Online Social Network Sites," *Journal of Computer - Mediated Communication* 12 (4) (2007)：1143 – 1168.

媒介文化研究（2019 年第一辑）

From "emergence" to "realization": analysis of social capital structure in we-media entrepreneurship
—taking papi jiang as an example

Yu Xingxin, Li Tianyu

Abstract: In recent years, the rapid development of mobile Internet and smart phones has made the digital content production of ordinary Internet users more convenient. More and more "grassroots users" have become "We Media Owner", pouring into the "We Media" entrepreneurship army. Therefore, how will We Media entrepreneurship change and evolve after it forms a system? Starting from the theoretical perspective of social capital, this study takes papi Jiang "We Media" as an example to explore the construction form of social capital in the entrepreneurship phenomenon of "We Media" and the correlation between social capital and "commercial realization" of "We Media".

Key words: We Media, Social capital, Commercial cash

城市文化专题

中国城市化的象征：一项研究议程

〔英〕马克·杰恩（Mark Jayne）　曾一果　肖铭铭 译*

摘　要：尽管越来越多的学者将学术视角集中在中国城市，但在过去三十年中，很少有持续的理论和实证的参与去活跃城市地理学研究。本文试图通过对城市地域的象征研究来推进这一研究议程。更具体地说，我们通过舞蹈和按摩的个案研究，了解日常的文化形式和社会实践如何参与其中，从而丰富我们对中国城市生活的多元理解。讨论与舞蹈和按摩有关的理论范畴涉及公共/私人空间、个人/集体的实践和经验以及舒适/不适，以此来推进中国城市化批判主义研究的进程，也可以鼓励专家学者基于城市地理学进行更广泛的探讨。

关键词：城市理论象征　日常生活　按摩　广场舞

引　言

在过去的十年里，中国城市化迅速发展的同时也伴随着世界范围内对其学术兴趣的增长（Wu，2006；Whitehead & Gu，2006；Lu，2011；Weiping & Gaubatz，2013）。有关中国城市化的理论和作品反映了复杂多样的国际城市研究议程，更加体现了批判性理解城市生活的重要性（Jayne & Ward，2015）。马克思主义、女性主义、后结构主义、后殖民主义和非具象思维对中国城市的影响尚待考究。为了推进这一议程，我们将研究重点放在日常的社会文化实践和过程中，De Certeau（1984）和 Lefebvre（1971）强调城市的意义在于它是一个强弱分明的斗争场，"社会批判理论的出发点应该在日常的生活中，每一个平凡和普通的地方……改变日常生活：这才是真正的革命……任何一点都有潜力成为中心并被转化为一个相遇、差异、创新的地方"（Schmid，2012：58）。

---

*　〔英〕马克·杰恩（Mark Jayne），英国卡迪夫大学人文地理学教授，其研究兴趣包括消费、城市秩序、城市文化和文化经济，出版《城市与消费》等著作；曾一果，暨南大学教授、博士生导师，暨南大学高层次人才计划"第三层次"引进人才，中国高校影视学会理事，中国高校影视学会媒介文化专业委员会秘书长；肖铭铭，苏州大学传媒学院硕士研究生。

尽管越来越多的学者参与进来，但相比政治、经济和中国城市空间分析方面的研究成果，社会文化的研究理论始终是微不足道的（Kenworthy Teather，2001；Gui，2009；Kong，2011；Crang & Zhang，2012；He，2013；Wang et al.，2013）。重要的是，要承认中国学者的重要著作，而不是仅从英文期刊和书籍中了解中国城市的社会、文化生活、话题、案例研究和背景。Pow（2011：47）认为，这种文字往往使人们落入一个陷阱，认为西方的政治、经济、社会、文化以及在城市建设进程中的做法对中国来说是不可参考的，这使得中国的城市化进程更不等同于英美城市……［接受而不是批评，］中国独特的应对方式、条件创造以及制度，都使得中国城市化的经验是独特和特殊的。Ward（2009）认为可以通过"理论性回顾"来了解中国城市化的批判理论发展情况，这也给我们提供了机会去思考当代城市学术研究关于地域发展不均的问题。此外，这种本体论和认识论的讨论对探索中国过去和当代的学术是如何服务于理解城市空间是至关重要的，它将城市空间作为独特的情景的社会关系、实践和制度，同时也认识到城市生活与全球化进程息息相关。的确，城市化理论作为一种流体、流动和关系，一种领土和定位，在世界各地的城市想象下，受到持续的争议、感知和构想，Edensor 和 Jayne（2010）认为我们可以从中学到很多。

在这里，我们研究议程的重点是通过了解并研究身体和象征理论来理解中国城市化。本文首先对有关象征地理学的理论进行文献综述。其次，我们通过这篇文章去探讨舞蹈和按摩，并参考有关公共/私人空间、个人/集体的实践和经验以及舒适/不适的更广泛的理论工作。最后，我们思考了如何研究中国城市地理的具体层面，以为城市地理学研究的拓展做出贡献。

一　象征城市化

身体的象征性研究推动了城市化研究的进程（Thrift，2007；Anderson & Harrison，2010；Johnston，2009），比如说：人是城市空间分异关系、表述和身份的重要交点，也可以根据人来了解地区、确定位置或仅代表单独的个体。它也可以是一种痛苦、欢乐以及其他情绪的载体，比如，善良、疾病、幸福和健康。人是社会身份和差异的交点，比如，性行为、性别、种族、民族、年龄、能力、体型、外观等。这些身份或主体可能构成压迫和排斥的基础，这意味着身体作为一个空间被束缚在知识和权力上。因此，身体是一个斗争和争论的场所。不论这个"人"去了哪里、做了什么、见了谁，都是被掌控了的。

研究认为身体界限的变移性与"丑陋"和虚弱的身体状况有关，比如怀孕的身体、慢性病、年迈等（Kenworthy Teather，1999）。关键论点认为情感存在于身体和场地之中，它就像关联流动并不断变化的电流一样存在于身体和场地之间。理论家认为身体的界限总是被一种感情上强大的、破坏性的和冲突的方式打破（Longhurst，2001）。

情感和情感地理学的非具象性工作与象征思维紧密相关，理论家认为"表征和注意到的现象在部分地改造人、地方和政治三者之间的互动，同时，也被这样的互动改造"（Davidson & Bondi，2004：373）。对快乐、悲伤、恐惧、爱、恨等的研究强调了情感对地域研究的重要性。Davidson等（2005，10）认为我们的情绪观决定我们的生活是明亮、无趣还是黯淡，要理解未经处理的感情（从经验和概念上来讲）一定要结合"情感是社会空间的调节和接合，而不是完全受制于主观心理状态"这一观点。地域对情感的影响也同样拒绝关注"内在的主观心理状态"，而是关注人与事物之间改造世界的互动——包括非人类演员、科技以及建筑环境等（Anderson & Harrison，2010）。

当人们对地域的具象化、情感和影响相互重叠时，人们便开始争论他们之间的界限。Thien（2005）认为人与非人的互动导致了个人的边缘化，掩蔽了情感主体性并重叠了物质性、主体间性和政治地位。Tolia-Kelly（2006）和Hemming（2005）认为想要摆脱世界的影响是无根据的和主观的，主体之间的差别也被历史的无力感和阶层的遗忘抹去了。在总结象征/情感、情感性地域的差异方面，Pile（2010）总结认为前者力图考虑一种"关怀或情感转化"的政策和伦理，后者则相信是强大的精英在背后偷偷地对情感进行操控（Pile，2010：5）。

许多作家比如Cresswell（2006）、Lea（2012）、Lim（2007）、Jayne等（2010）以及Edensor（2012）在这些方法的交叉点方面做得卓有成效。这一成果表示，表达记录和联系的内在形式是如何通过为伦理解放和处理社会差异的进步性政策提供保证，最终可以实现创造性地改变社会关系。这些文章推动了对情绪、象征和情感之间界限流动性的理解，正如Venn所说的"身心世界"。人类的存在是以"信息"的瞬时相关性为特征的：事实、信号、谣言、消息混合在心境和情绪的能量中，使他们可以表现为一个个体的行为或是作为集体来参与一个活动。

在本文的其余部分中，我们强调研究象征、情感和影响，为理解构成中国城市主义的政治、经济、社会、文化和空间实践提供了卓有成效的途径。通过对舞蹈和按摩等城市行为的观察，考察个体情感与城市地理之间的关系。我们利用这一重要的敏感关系讨论舞蹈和按摩，并参照公共/私人空间、个人/集体的实践和经验以及舒适/不适的更广泛的理论进行探讨。通过这种方式，我们展现不经处理的"身心世界"以及人类/非人类的互动联系，可以为了解中国城市的复杂性提供更有价值的洞察力。

二　中国城市主义的体现

在过去的几年中，中国城市经历了显著的变化。新城市的建设，包括新的和历史性的城市空间和地方的混合重建，也伴随着社会结构、关系和日常生活的改变而发生。当这些与经济增长、人口密度增加以及中国共产党的领导相结合时，城市研究人员显然必须迎接挑战，需要进行各种复杂的理论分析，从而更好地理解变化中的中国城市，以及世界各地城市的相似性、差异性、连通性、关系性和迁移率。本文所提出的论点也将推动这项议程的进展。

（一）舞蹈

《中国城市》（2013）的末尾是一份案例分析，标题为"广场舞"。在公园、地下通道、街头和停车场，事实上在任何开放的公共空间，Wu 和 Gaubatz 描述了市民是如何表演风格多样的舞蹈，粗略估计仅北京就有 500 个非商业性公共舞蹈场所。这一重要的消遣活动主要有中国秧歌等民间舞蹈、阿根廷探戈和交谊舞，都由非正式的俱乐部和商业性的组织承办。Weiping 和 Gaubatz 认为，交际舞流行于中国的二十世纪五六十年代，它是中国现代性的一种表达，是条约口岸时期的遗产。自 1980 年起，城市广场舞逐渐兴起并持续到今天。其他学者强调了中国的少数民族（Pei，2003；Yang，2006）和在日本的中国侨民（Farrer，2006）如何将舞蹈作为一种公共空间的身份标识，并把它当作城市生活的一个突出特征的。这篇文章提供的见解只局限于舞蹈理论下的中国的城市生活。

相反，地理学家为舞蹈的象征性、表演性和超代表性元素提供了独特的见解（Thrift，1997；Nash，2000；Revill，2004；Cresswell，2006；McCormack，2008）。舞蹈被认为节奏和风格多样化，并与社会、宗教仪式、休闲和商业文化有关。Thrift（1997：147）认为舞蹈是"存在于世界中"的另一种方式，一个"思想的复合体"，是无法用言语详述的感觉，也是通过身体访问世界的一种方式。

Weiping 和 Gaubatz（2013）、Pei（2003）、Yang（2003），Farrer（2004）的实证见解以及理论性的地理著作聚焦于突出有成效的途径，以了解中国城市舞蹈的一个关键要素——在街头跳舞的表现和经验。Bromley（2004）在解释城市舞蹈方面很有见地，他主张"公共"场所的"私人"活动通常与"非正式"的做法有关。Bromley（2004：294）认为这种边界交叉是一种"道德"逻辑，而不是"以自私的方式占有公共空间"……［在那里］通过对话的相遇可以产生通俗的意思……参与者寄希望于场所形式、地点和位置，通过辨别空间，形成对它的道德和审美反应（Bromley，2004：294）。中国城市舞蹈谱系——作为对现代性的一种断言，它从 20 世纪 80 年代扩散到公共空间，作为对公众消遣的取缔的回应，因此可以理解为"逃亡、稍纵即逝和价值载货"的实践，而且根据舞蹈理解中所关联的历史文化与层次中所体现的政治和社会质量，都是超越具象派的（Revill，2004：206）。

中国不同的社会经济群体有各不相同的城市舞蹈风格、位置和参与者，比如：年轻人庆祝节日的舞蹈，商业场所员工的"跳舞广告"，毫无疑问，参与跳舞的群体中人数最多且最引人注目的是老年群体。老年人的舞蹈形式大多是太极拳，或者是利用国家建设的健身器材进行锻炼，并通过政府赞助的方式出现（见图1至图5）。老年人通过这种日常的有组织的舞蹈来确保高效率的工人和优秀市民，同时也代表了国民统一性，这种情况在全世界的国家都很普遍，特别是在社会主义国家和共产主义国家。然而，老年人作为可见的城市行为者的作用也更多地告诉我们，在中国，城市政治、经济、社会、文化和空间的实践与进程发生了一系列变化。

图1　年轻人在街头跳节庆舞

图片来源：Mark Jayne 拍摄。

例如，老年人选择跳舞的空间和地点与"自然""家园"的历史观念有关（Zhang，2010）。在公园和绿树成荫的广场上跳舞，在路边和地铁的入口处随处都有"优质生活"的广告语，强调肉体和精神的高度连接和接近，然而许多人越来越认为这是中国许多当代城市的高层体育发展所无法企及的。Miles（2007）认为儒学的重新表达是建立在社会秩序与关系上，自20世纪80年

图 2　按摩店员工的"舞蹈广告"

图片来源：Mark Jayne 拍摄。

图 3　老人在城市公园健身

图片来源：Mark Jayne 拍摄。

图4　中老年妇女在公共商业街跳舞

图片来源：Mark Jayne 拍摄。

图5　傍晚老年人在城市公园跳交谊舞

图片来源：Mark Jayne 拍摄。

代以来，中国消费文化的出现和强化，是国家认同、经济繁荣和中国作为世界超级大国崛起的重要因素。然而，Miles（2007）强调由于不断增长的"个人主义"、图像的泛滥以及"西方"的全球消费文化，使消费文化的扩散出现了转向。除了这些，Miles（2007）表明老年人开始接受消费机会，城市舞蹈是个性与集体主义结合的一个例子，它支撑着一种新的"自由感"。这与 Jayne 和 Ferenčuhová（2014）所研究的（后）社会主义斯洛伐克居住区产生了共鸣，穿着"舒适"的衣服、运动服、睡衣和其他衣服通常和国内空间有关，因为多元化的社会群体在公共空间中很受欢迎。他们在公共空间穿着舒适的衣服，是为了让他们更有"家"的感觉。Jayne 和 Ferenčuhová（2014）因此认为这是人们对国家社会主义和后来兴起的消费资本主义的日常政治反应。

通过概述日常政治生活、对"戏谑"的相关理论的思考以及愉快的人类活动，Stevens（2007）的研究对理解中国城市集体/个人舞也是很有建树，Stevens 认为，与"其他"的空间和典型实践相比较，这是对公共空间的调控的回应，它暗示了变革能力和"游戏的政治"主要是在体验生命力的束缚，而不是为了对立（Stevens，2007）。这种理论指出了中国城市舞蹈的个体/集体象征主义、表演与体验的复杂关系。的确，Thrift 认为舞蹈创造了情感和情感的城市空间，在那里这个主题也参与了体现情感的对话实践，这种理论观点指出个人主义/集体主义象征、表现、中国城市舞蹈的体验这三者之间复杂的关系。这种实践来源于集体行动又脱离了集体行动（Thrift，1997：125）。Thrift 认为"舞蹈创造关系"的观点在逃避权力——它不能被掌握，因为它不是由固定的手段结束关系（Thrift，1997：149）。这展现了老年人的行动奇观——这个城市里的朋友、熟人以及陌生人聚在一起跳舞，这种奇观的展现是以长期存在和稍纵即逝的社会互动为基础的。在炎热潮湿的夏天的夜晚，便携式音箱播放大声的音乐，伴随嘈杂的公共演说，舞蹈区域由人工照明灯打亮，老年人在中国城市的路标下跳舞，跟随着各种动作的组合方式，他们随意地舞动身体，时而互相交流（Deleuze & Guattari，1987）。

通过了解"触摸"和舒适/不适的地域性文章，我们也可以获悉交谊舞和探戈在中国的流行程度。交际舞涉及感官、身体与城市之间物理的和社会的体验。Cant（2012：221）认为，不同的开放和封闭的拥抱形式中的亲密与疏离、区别与分离存在一种互惠的形而上学，因此"拥抱"存在着一种社会上和身体上的不平等。这种现象发生在不同年代的人群中，以及不同的种族和阶级中，比如矮舞者搭配高舞者、身材魁梧的舞者搭配瘦小的舞者，并且都期望在这个舞蹈的夜晚能够和更多不同的人跳舞。城市舞蹈因此提供了一个感觉、运动、丧失又恢复的身体控制和"集体娱乐"的世界（Stevens，2007）。在这些术语中，舞蹈不仅是对身体的私人、主观的享受，也是对身体感觉的象征性转换……这意味着，舞者居住在一个自己创造的虚构世界里，自己则是这个世界的中心（Radley，1995）。

然而，与城市舞蹈联系紧密的是表征和情感的舒适与否。Revill（2004：206）认为舞蹈能够将人深刻地社会化，从出汗的尴尬到舞者们翩然起舞、自我表现的暧昧不明，舞者们用身体来沟通和回应他人。同样地，Creswell（2006：55）认为，舞蹈是象征一个复杂的排斥和他者化的过程，是正确动作的记述。Nash（2000）称这可以巩固社会和政治不平等。有明确的实证研究表明，我们需要做的是了解社会关系和不平等的复杂性与中国城市舞蹈中的个人与集体参与的关系。为了了解舞蹈能够提供的表演和体验的方式，这项研究是至关重要的，舞蹈能够给人带来不期而遇的惊喜，这种相遇又表达了人们对未来持开放性的态度（Grosz，1999：25），或者是对身体、情感和情绪的操控从而强化了社会不平等，以确保社会稳定。

这里简述了中国城市舞蹈的理论。我们的研究涉及政治、经济、文化以及人类与非人类行为者的空间组合，并同时参考了自然、儒学与消费文化，又指出如何从中国城市的细微差别来挑战或推进城市理论的新途径。聚焦于世界上人口最稠密的城市地区进行的象征性的、表演性的、体验性的和具代表性的舞蹈元素，体现了批判理论和实证工作对中国城市的构成和象征的研究，并对城市地域研究有极大贡献。

（二）按摩

地理学家最近关注空间性触摸（Patterson，2005；Dixon & Straughan，2010；Lea，2012）。Patterson 等（2012：8）认为"触摸"是多余的或不合理的社会科学学术，研究都集中在针对身体、情感和情绪的工作上。因此，理论家开始颇具洞察力地研究"触摸的地点是不可避免地有时受强烈的经验性影响"，理论家认为触摸是关系性的、相互作用的，在人类和非人类之间、人和空间之间的一系列配置中共同构成的（Patterson et al.，2012：8）。很大一部分争论认同这与舞蹈的关系，认为身体不是单一和有界的，而是通过关系和感官单独地、集体地自然发生。正如城市中舞蹈和按摩的场所已经成为城市购物区、商业区的原型消费空间。如图6所示，该图给出了一些场所的例子，这些场所都提供了多样化的按摩服务、方式和价格。在按摩和中国城市化方面汇集理论视角可以为规模与位置逻辑提供新的领悟，以揭开地域学的新式传播、连接和移动性（Lorimer，2008：8）。综上所述，我们讨论公共/私人空间、个人/集体的实践和经验以及舒适/不适的理论范畴是为了探讨与疏远/亲密、快乐/痛苦、移动/静止相关的表征、情感和情绪。

Lea（2012）对保健按摩的论述借鉴了 Wolkowitz（2002：497）的观点，Wolkowitz 认为"推拿按摩"是一种亲密的、混乱的身体接触，它的影响是通过触摸和近距离接触产生的。因此，触摸被假设为是持续的，不仅是存在于身体工作的一种形式（例如：按摩），而且也表现在身体工作的不同形式之间（例如：按摩和护理）（Lea，2012：30）。然而，为了试图增进对身体的体验、感觉的了解，Lea（2012：30）着重提出按摩的多样性和按摩手法和技术的差异。事实上，

图 6 中国城市的一些按摩场所

图片来源：Mark Jayne 拍摄。

对于考察"身心世界"的关系是如何通过按摩的行为产生，以及身体是如何通过个体和集体身体的边界所制造并重塑，这种识别是十分重要的。例如，Lea（2012）认为在极端幸福和极端痛苦之间一定存在一种平衡，因此人们需要按摩来释放，从而更好地应对不良看法的负面影响，以及重复乏味的工作与日常生活的压力与紧张。

在中国人口稠密的城市，人们生活、工作、玩耍只能在狭小的空间，总会有意外的拥挤和冲撞发生，身体上的近距离接触使按摩变得很流行，因为身体上有序地触碰所带来的影响在重新安排着身体档案，以至于可以释放来自他们所处场所和身体内的过去的体验（Lea 2012：38），穿梭于城市中，按摩也带来了"等待"的身体体验。Bissell（2007：277）解释了在活动与不活动之间身体的关系，他认为等待这件事不应该再概念化为一个无感的停滞期或静止状态，或者是缓慢的城市节奏……而是应该作为被经验包围的一个多变的情感复合，并能从许多不同的地方产生。主体性的构成独具创意的被认为与城市按摩有关——"不是为了反对提速去放慢节奏，而是给自己更充足的时间，那可能是透过虚拟的平庸和平凡的中断……包含了多重暂时性，让我们考虑的不仅是他们的基本关系性还是他们的不可还原性"（Bissell，2007：279）。去按摩场所是为了释放城市生活的"喧嚣与忙碌"，从而可以从身体上专注眼前的环境……身体在等待时保持静止有利于自我反思，对于提高身体的自我感知是很有益处的（Bissell，2007：286）。

在这些方面，按摩对人们来说是很重要的，按摩能够释放城市生活和人类与非人类行为者的"集体"接触的"结"。这样的观点认为通过按摩，身体、皮肤、情感、城市化、经验以及触摸带来的治疗感之间都会产生一种连接。事实上，Lea（2012：30）认为研究人员必须注意"亲密"的概念，这样的亲密接触不仅意味着在文化或社会理解中所亲密接触的身体"外部"（例如：肚子、脸、耳朵），而且也在影响"内部"包括深切的感受、感觉和经历。Patterson（2005：161）认为虽然我们的文化鼓励了独立、身心正直和自给自足（我们假设他代表"西方"），我们也重视一个更个人的、亲密的、情感的关怀，其中触摸是关键的，也是被强烈区分的，这在一些空间环境和某些身体部分是很适用的，对其他一些则不然。根据 Thien（2005）的"亲密的轮廓"观点，按摩提供交叉实践式的理解、象征和基于表演的对社会性的理解。按摩允许"亲密"与社会规范的暂不融合。相反，在城市的其他空间和场所，顾客和从业者之间的相遇强调了如何将身体能动和被"影响"与"距离"联系起来，以重新振兴人们身心以及包括城市生活本身的"活力"（Massumi，2002）。

尽管人类在与非人类的互动接触是世界各地日常生活中的一个特点，按摩在中国的流行使本研究值得进一步地进行理论和实证研究。事实上，在范围甚广的议题上，不受约束的理论见解和观点更需要实证研究，例如在人们日常生活中与角色按摩有关的复杂的体现、情感和影响的构成。（按摩存在于人们日常生活的方方面面，包括阶级、年龄、性别、种族和性欲）。例如，中国城市按摩的一个有趣的现象是，它并不总是一个单独的活动。商业按摩场所一般有各种大小的治疗室，在那里，朋友、家人、同事可以在"做生意"时按摩、社交、看电视、喝茶和享受小吃。在消费体验之前和按摩理疗期间或之后，中国按摩场所可以称之为"用作治疗的触觉的情感空间……移情的、变革的……使这些触觉的、治疗性实践的躯体和感觉经验趋于完整。"（Lea，2012）

持续的理论研究和实证研究目前仍被需要，以便于我们更好地了解中国城市居民用按摩这种独特的方法来为城市生活减压而进行的"自我治疗"，或者是寻求独自的或是同他人一起暂时"逃离"疲劳的环境、城市和气氛，去寻求在城市中奔波劳顿后的放松与舒适（Jayne eal.，2012）。用实证研究来探讨中国按摩的流行是很重要的，它是对新兴城市化的回应，这样的新兴城市化是建立在象征的操控、与城市人口飞速增长相关的情感地域学、物质的重建和新的全球化经济和文化的积累策略的基础上，并和个人与集体的关怀与情感转换有关。为了探究亲密地域学，这样的研究议程是很重要的，它是对家乡、家庭、性别和性欲研究的延伸，去思考在城市中更广泛的、身体和情感很接近的人际接触（Valentine，2008）。通过象征的、情感的城市化将按摩理论化，能够理解亲近/疏远、快乐/痛苦、动态/静止相关的公共/私人空间，个人/集体的实践和经验以及舒适/不适体验。这一观点认为"按摩"对于理解中国城市化的思维方式是很重要的，中国城市化不仅是一个精英干预的产物，而且也充满了表达、联系的内在形式，并保证了伦理解放、进一步管理社会差异从而能创造性地改变社会关系。事实上，这样的理论和实证工作极大地促进了我们对中国城市和世界城市化之间的相似性、差异性、连通性、关系性、流动性方面的理解。

三　结语

在勾画了中国象征城市化的一个研究议题草图之后，我们发现我们不可避免地面临更多等待解答的谜题。从理论上讲，利用长期确立的并有新突破的方法的实证研究（Dewsbury，2000；Harrison，2000；McCormack，2008），对于充分发掘中国城市主义研究的关键潜力至关重要。要理解身体、情感、情绪是如何使政治和伦理产生微妙转变，并且/或者由权力精英操控，中国城市是记录理论和实证方法的一个很重要的资源。中国城市的多样性和经济、社会、文化和空间关系的不断变化，为我们提供了值得持续研究的卓有成效的途径。为此，我们认为，象征的、情感的和情感的地理学凸显了中国城市主义理论和经验的参与的重要性，并从细微之处挑战或推进城市地理学研究。

致　谢

首先，十分感谢 www.4c5mstudio.org 对我们访问中国的资助。笔者也要感谢 Bethan Evans 和 Sarah Marie Hall 对该文草稿给出的评论意见以及 Sihui 对老年群体的独到见解。

本文先前发表在杂志领域，笔者和出版者感谢以下人员给予我们借鉴资料的许可：

Jayne，M.，Leung，H. H.（2014），《体现中国城市化：一项研究议程》，*Area* 46（3），pp. 256 – 267。转载经由 John Wiley 家人许可，伦敦。

参考文献

Anderson B. , Harrison P. 2010. *Taking-Place: Non-Representational Theories and Geography*. Aldershot: Ashgate.

Bissell D. 2007. "Animating Suspension: Waiting for Mobilities." *Mobilities* 22: 277 – 298.

Bromley N. 2004. "Flowers in Het Bathtub: Boundary Crossings at the Public-private Divide." *Geoforum* 36: 281 – 296.

Cant S. G. 2012. "In Close Encounter: the Space between Two Dancers." In Patterson M. and Dodge D. eds. , *Touching Space*, *Placing Touch*. Aldershot: Ashgate.

Crang M. , Zhang J. 2012. Transient Dwelling: Trains as Places of Identification for the Floating Population of China.

Cresswell T. 2006. "You Can not Shake that Shimmie Here': Producing Mobility on the Dance Floor." *Cultural Geographies* 13: 55 – 77.

Davidson J. , Bondi L. 2004. "Spatialising Affect: Affecting Space: an Introduction *Gender*." *Place and Culture* 113: 373 – 374.

Davidson J. , Smith M. and Bondi L. , eds. 2005. *Emotional Geographies*. Aldershot: Ashgate.

DeCerteau M. 1984. *The Practice of Everyday Life*. Berkley: University of California Press.

Deleuze G. , Guattari F. 1987. *A Thousand Plateaus*. Minnesota: Minnesota University Press.

Dewsbury J-D. 2000. "Performativity and the Event: Enacting a Philosophy of Difference." *Environment and Planning D. : Society and Space* 18: 473 – 496.

Dixon D. P. , Straughan E. R. 2010. "Geographies of Touch/Touched by Geography." *Geography Compass* 45: 449 – 459.

Edensor T. 2012. "Illuminated Atmospheres: Anticipating and Reproducing the Flow of Affective Experience in Blackpool." *Environment and Planning D. : Society and Space* 306: 1103 – 1122.

Edensor T. , Jayne M. eds. 2011. *Urban Theory Beyond the West: A World of Cities*. London: Routledge.

Farrer G. L. 2006. "The Chinese Social Dance Party in Tokyo: Identity and Status in an Immigrant Leisure Subculture." *Journal of Contemporary Ethnography* 336: 651 – 674.

Grosz E. 1999. "Bodies-Cities." In Price J. and Shildrick M. eds. *Feminist Theory and the Body*. Edinburgh: Edinburgh University Press.

Gui Y. , Ma W. and Muhlhahn K. 2009. "Grassroots Transformation in Contemporary." *Journal of Contemporary Asia* 393: 400 – 423.

Harrison P. 2000. "Making sense: Embodiment and the Sensibilities of the Everyday." *Environment and Planning D. : Society and Space* 18: 497 – 517.

He, S. 2013. "Evolving Enclave Urbanism in China and Its Socio-spatial Implications: the Case of Guangzhou." *Social and Cultural Geography* 143: 243 – 275.

Hemming C. 2005. Invoking Affect Cultural Theory and the Ontological Turn Cultural Studies.

Jayne M. , Ferenčuhová S. 2014. "Comfort, Identity and Fashion in the Post-socialist City: Assemblages, Materiality and Context. " *Journal of Consumer Culture* (OnlineFirst) .

Jayne M. , Ward K. 2015. *Urban Theory: New Critical Perspectives.* London: Routledge.

Jayne M. , Gibson C. , Waitt G. and Valentine G. 2012. "Drunken Mobilities: Backpackers, Alcohol, 'Doing Place' . " *Tourist Studies* 138: 211 – 231.

Jayne M. , Valentine G. and Holloway S. L. 2010. "Emotional, Embodied and Affective Geographies of Alcohol, Drinking and Drunkenness. " *Transactions of the Institute of British Geographers* 354: 540 – 554.

Johnston L. 2009. "The Body. " In Kitchin R. and Thrift N. eds. *The International Encyclopaedia of Human Geography.* London: Elsevier.

Kenworthy Teather E. 2001. "The Case of the Disorderly Graves: Contemporary Deathscapes in Guangshou. " *Social and Cultural Geography* 22: 185 – 202.

Kenworthy Teather E. 1999. Embodied Geographies Spaces Bodies and Rites of Passage. London: Routledge.

Kong L. 2011. Chinese Male Homosexualities: Memba, Tongzhi and Golden Boy. London: Routledge.

Lea J. 2012. "Negotiating Therapeutic Touch: Encountering Massage Through the 'Mixed Bodies' of Michael Serres. " In Patterson M. and Dodge M. eds. *Touching Space, Placing Touch:* 29 – 46.

Lefebvre H. 1971. Everyday Life in the Modern World. London: Allan Lane.

Lim J. 2007. "Queer Critique and the Politics of Affect. " In Browne K. Brown G. and Lim J. eds. *Geographies of Sexuality Ashgate:* 53 – 67.

Lorimer H. 2008. " Cultural Geography: Non-representational Conditions and Concerns. " *Progress in Human Geography:* 1 – 9.

Longhurst R. 2001. Bodies: Exploring Fluid Boundaries. London: Routledge.

Lu D. 2011. Remaking Chinese Urban Form. London: Routledge.

Massumi B. 2002. Parables for the Virtual Movement Affect Sensation. London: University Press.

McCormack D. P. 2008. "Geographies of Moving Bodies: Thinking, Dancing, Spaces. " *Geography Compass* 2 (6): 1822 – 1836.

Miles S. 2007. "Consumption as Freedom: Intergenerational Relationships in a Changing China. " In Powell J. and Cook I. eds. , *Aging in Asia:* 32 – 43.

Nash C. 2000. "Performativity in Practice: Some Recent Work in Cultural Geography. " *Progress in Human Geography* 244: 653 – 664.

Patterson M. 2005. "Affecting Touch: Towards a 'Felt' Phenomenology of Therapeutic Touch. " In Davidson J. Bondi L. and Smith M. eds. *Emotional Geographies:* 161 – 173.

Patterson M. , Dodge M. and Mackian S. 2012. "Introduction: Placing Touch within Social Theory and Empirical Study. " In Patterson M. and Dodge M. eds. *Touching Space, Placing Touch:* 1 – 28.

Pei L. 2003. "Cultural Connotations of the 'Funeral Dance' of Tujia Nationality of Western Hubei. " *Journal of Hubei Institute for Nationalities* 6: 1 – 21.

Pile S. 2010. "Emotions and Affect in Recent Human Geography. " *Transactions of the Institute of British Geographers* 35: 5 – 20.

Pow C. P. 2011. "China Exceptionalism: Unbounding Narratives On Urban China. " In Edensor T. and Jayne M. eds. *Urban Theory Beyond the West: a World of Cities:* 47 – 65.

Radley A. 1995. "The Elusory Body and Social Construtionist Theory. " *Body and Society* 13: 23 – 34.

Rawes P. 2007. Irigaray for Architects. London: Routledge.

Revill G. 2004. "Cultural Geographies in Practice: Performing French Folk Music: Dance, Authenticity and Non-representational Theory." *Cultural Geographies* 11: 199 – 209.

Schmid C. 2012. "The Right to the City, and the New Metropolitan Mainstream." In Brenner N., Marcuse P., and MayerM. eds. *Cities for people, Not for Profit: Critical Urban Theory and the Right to the City*. London: Routledge.

Stevens Q. 2007. The Ludic City: Exploring the Potential of Public Spaces. London.

Thien D. 2005. After or Beyond Feeling A Consideration of Affect and Emotion in Geography Area.

Thrift N. 2007. Non-representational Theory: Space, Politics, Affect. London: Routledge.

Thrift N. 1997. "The still Point: Resistance, Expressive Embodiment and Dance." In Pile S. and Keith M. eds. *Geographies of Resistance*. London: Routledge.

Tolia-Kelly D. 2006. "Affect an Ethnographic Encounter?" *Exploring the Universalist Imperative of Emotional/Affectual Geographies Area* 38: 213 – 217.

Valentine G. 2008. "Living with Difference: Reflections on Geographies of Encounter." *Progress in Human Geography* 32: 321 – 335.

Ward K. 2009. "Commentary: Towards a Comparative (Re) Turn in Urban studies? Some Reflections." *Urban Geography* 29: 1 – 6.

Wang J., Joy A. and Sherry J. F. 2013. "Creating and Sustaining a Culture of Hope. Feng Shui Discourses and Practices in Hong Kong." *Journal of Consumer Culture* 133: 241 – 263.

Weiping W., Gaubatz P. 2013. The Chinese City. London: Routledge.

Whitehead J. W. R. and Gu K. 2006. "Research on Chinese Urban Form: Retrospect and Prospect." *Progress in Human Geography* 30 (3): 337 – 355.

Wolkowitz C. 2002. "The Social Relations of Body Work *Work*." *Employment and Society* 163: 497 – 510.

Wu F. 2006. Globalization and the Chinese City. London: Routledge.

Yang Y. 2006. "On the Characteristics and Cultural Connotations of Zhaotong's Folk Si-tong Drum Dance." *Journal of Zhaotong Teacher College* 3: 1 – 18.

Zhang L. 2010. In Search of Paradise: Middle-Class Living in a Chinese Metropolis. Cornell University Press.

Symbol of China's urbanization: a research topic

Mark Jayne, translated by Zeng Yiguo, Xiao Mingming

Abstract: Although more and more scholars focus their academic perspectives on Chinese cities, there has been little sustained theoretical and empirical involvement in the development of urban geography in the past three decades. This paper attempts to promote this research agenda by studying the symbolism of urban areas. More specifically, through case studies of dance and massage, we learn how everyday cultural forms and social practices are involved, thus enriching our diverse understanding of urban life in China. Discuss theoretical areas related to dance and massage involving public / private spaces, individual / collective practices and experiences and comfort / discomfort to promote urbanization in China The process of critical research.

Key words: City theory symbolism, Daily life, Massage, Square dance

江南宣卷传播方式的现代变迁[*]

师　慧　季中扬^{**}────────────────────────

摘　要： 民俗艺术来自日常生活，而且未曾从日常生活中分化出来，就此而言，社会生活发生了变化，民俗艺术必然随之而变。尤其是当前现代社会走向现代社会之际，必然会有大量民俗艺术随着社会土壤的改变而消失。然而，我们考察江南宣卷这种比较典型的民俗艺术在民国年间的现代遭遇时却发现，宣卷艺人与民众很自然地接受了现代大众传媒传播宣卷，似乎并不在意现代社会与前现代社会之间的巨大差异，也没有觉得在大众传媒时代，传统的民俗艺术显得不合时宜的"土气"。这意味着扎根于前现代社会的民俗艺术与现代社会并非天然对立的，二者之间的界限很可能是现代性理论"制造"出来的。

关键词： 民俗艺术　现代性　宣卷　大众文化

宣卷源于唐代的俗讲，明清时期演变为一种民间文艺活动，遍布江南、西北、华北等地区。这是一种较为典型的民俗艺术形态，考察其传播方式的现代变迁，有助于我们深入理解民俗艺术的现代遭遇问题。

一　前现代社会江南宣卷的传播空间与方式

在前现代社会，宣卷作为一种具有信仰、娱乐、教化功能的民间讲唱活动，深受民众喜爱，妇女老妪尤为热衷。宣卷主要依靠宣卷先生与受众面对面进行传播。从宣卷缘由来看，其多与百姓生老病死、人生礼仪、节日庆典、庙会娱乐等紧密相关。因延请的主体、缘由不同，宣卷在传播空间上存在一定差异，大致可分为三种情况：百姓的私人空间、公共世俗空间、神圣公共

────────────────────

* 本文为 2017 年度文化部文化艺术研究项目成果（项目编号：17DH12）。

** 师慧，历史学硕士，任职于南京农业大学经济管理学院；季中扬，南京农业大学人文与社会发展学院教授，主要研究方向为民间艺术、非物质文化遗产保护、乡村社会与文化研究。

空间。

不论是江南，还是其他宣卷流行的地区，请先生到家中宣卷一直都很常见。《金瓶梅》第七十四回的对话中就有："姑奶奶你再住一日儿家去不是，薛姑子使他徒弟取了卷来，咱晚夕教他宣卷咱们听。"① 第九十五回中又写道："八月十五日，月娘生日。有吴大妗、二妗子，并三个姑子，都来与月娘做生日，在后边堂屋里吃酒。晚夕，都在孟玉楼住的厢房内听宣卷。"② 《醒世恒言》中也有："夫人着婆子请来宣卷的尼姑从左角门进去万无一失。"③《醒世姻缘传》中则道："他在杨家内宅里边宣卷，我如何好进得去。"④ 由此可见，明清时期，宣卷在私人空间传播是比较常见的。到了晚清民国时期，请宣卷先生到家中宣卷仍然很是寻常。如《申报》所载，"赛儿巷某姓念四，夜间唤宣卷者四人在家宣卷，亲戚邻里往听者甚为热闹"⑤；"昨夜二点钟时在姊妹家听宣卷"⑥；"某姓家雇念宣卷人甲乙等四五辈正在高声朗诵"⑦；"苏州人华培生向为念宣卷业，昨日午后在南市吉祥弄某姓家念宣卷"⑧；"时金春是晚在邻家听宣卷"⑨；"前日青龙桥王姓家做寿，特召无锡人蒋福辰到家念宣卷"⑩；等等。苏州人氏大学者顾颉刚先生在《苏州近代的乐歌》⑪ 中也提道："'宣卷'，是宣扬佛法的歌曲，里边的故事总是劝人积德修寿……在我幼时，几个太太们嫌家里闷，常叫来唱；做寿时更是少不了的。"

这种私人空间的表演多与百姓的人生礼仪、日常生活紧密相关。做生日、小孩满月剃头、纪岁（一周岁）、家里搬场、新屋落成等均会邀请宣卷先生至家中进行宣卷。另外，久病不愈斋星官，已故亲属做阴寿、忌辰或在"五七"时闹五更、丧事开吊致祭中也都需要宣卷。桑毓喜在《苏州宣卷考略》称这种类型的宣卷叫作"人家堂会"⑫。人家堂会是最习以为常，最贴近每个人的宣卷活动。

除了私人空间，宣卷还广泛传播于民众的公共世俗空间。妓院、茶肆、饭庄、旅馆的宣卷念

---

① 兰陵笑笑生：《金瓶梅词话重校本》三，梦梅馆，1993，第 1008 页。
② 兰陵笑笑生：《金瓶梅词话重校本》四，梦梅馆，1993，第 1303 页。
③ 冯梦龙：《醒世恒言》，上海古籍出版社，1992，第 321 页。
④ 西周生：《醒世姻缘传》，岳麓书社，2004，第 505 页。
⑤ 《苏台杂志》，《申报》1882 年 11 月 10 日，第 3423 期，第 2 版。
⑥ 《英界公堂琐案》，《申报》1887 年 11 月 11 日，第 5234 期，第 3 版。
⑦ 《左道被拘》，《申报》1894 年 5 月 7 日，第 7557 期，第 4 版。
⑧ 《气闭身死》，《申报》1916 年 12 月 7 日，第 15742 期，第 11 版。
⑨ 《命案被拘 三人证据不足》，《申报》1927 年 8 月 14 日，第 19549 期，第 15 版。
⑩ 《小狗子恶性天成，十岁便窃邻家物，近又盗金戒银簪》，《申报》1930 年 7 月 7 日，第 20572 期，第 16 版。
⑪ 钱小柏编《顾颉刚民俗学论集》，上海文艺出版社，1998，第 349 页。
⑫ 桑毓喜在《苏州宣卷考略》［艺术百家，1992（3）］中将宣卷演出简单地分为人家堂会、妓院堂会、香汛堂会、庙会堂会、庵观堂会五类，后文中涉及的妓院宣卷为妓院堂会，香汛、庙会、庵观中的宣卷表演分别称之为香汛堂会、庙会堂会、庵观堂会。

唱均可归入此类。其中，妓院宣卷活动留存下来的资料最多。就宣卷缘由来看，妓院堂会与人家堂会颇为类似。每逢妓院搬迁、红妓进场、生辰、鸨母过寿等事，客人们便会捧场请客，雇宣卷助兴作乐。《沪游杂记》中就写道"妓家遇祖师诞日，及年节喜庆事，或打唱，或宣卷，或烧路头。"①《图画日报》上的《红烛影回仙态近》道："沪上曲院，每节例须宣卷一次"②。《百花生日是今朝》也写道："沪上曲院，每节除烧路头二次，宣卷一次外，更有所谓生日者，或先生生日，或小本家及本家生日，亦俱雇用清音，并宣卷人宣扬经卷。"③《花香酒气燕都市》写的是："南方妓院，每节必烧路头二次，宣卷一次"；"然每节必开市三日，嫖客吃酒碰和，一如烧路头宣卷无毕，客俱极力报效"④。此外，在专写沪上妓院生活的小说《海上花》中，妓院宣卷的声影更是随处可见："只见客堂中挂一轴神模，四众道流对坐宣卷，香烟缭绕钟鼓悠扬"⑤；"姚季莼不好意思解说道'为仔今朝宣卷，倪早点吃好仔，晚歇再有客人来吃酒末房间空来里哉阿对'"⑥；"阿巧醒来坐在榻上揉揉眼睛，侧耳听时楼下寂然，宣卷已毕"⑦；"前日仔宣卷，楼浪下头几花客人来浪喊俚冲茶"⑧；"今夜头常恐是烧路头，勿是末宣卷，巧珍道划一倪廿三也宣卷呀，耐也来吃酒哉"⑨；"桂生屋里也来浪宣卷教我去绷绷场面"⑩，不一而足。在妓院、茶楼、旅馆中宣卷，既满足了普通百姓信仰、娱乐等需要，也是此类场合营造氛围、吸引顾客、谋求利润的手段。

宣卷是具有信仰属性的民间讲唱仪式，其常与迎神赛会、酬神敬佛等活动紧密相连。宣卷在神圣性公共空间的传播就主要体现在香汛堂会、庙会堂会、庵观堂会当中。明清时期，寺观中宣卷是比较习见的，时人有诗曰："听宣卷听宣卷，婆儿女儿上僧院"⑪。文人笔记、地方志中也记载颇多，如"寺观中亦有十五聚群宣扬佛偈，名曰宣卷"⑫。"更有所谓坐期场作佛会于寺宇宽广之所，不分男女，醵分输金，杂沓罗拜，内一人自号佛头，钞撮鄙俚词句对众朗诵，名为宣卷。"⑬"二十四日为朱天诞辰"，是日，"惟下城仁和仓桥老朱天庙届期最为热闹。其次则横大

① 葛元煦：《沪游杂记》，上海书店出版社，2006，第 127 页。
② 《上海曲院之现象》，《图画日报》（1909.8－1910.8）第 6 册，第 264 号，第 7 页。
③ 《上海曲院之现象》，《图画日报》（1909.8－1910.8）第 6 册，第 268 号，第 7 页。
④ 《北京曲院之现象》，《图画日报》（1909.8－1910.8）第 7 册，第 314 号，第 7 页。
⑤ 韩邦庆：《海上花列传》，上海书店出版社，1993，第 150 页。
⑥ 韩邦庆：《海上花列传》，上海书店出版社，1993，第 151 页。
⑦ 韩邦庆：《海上花列传》，上海书店出版社，1993，第 163 页。
⑧ 韩邦庆：《海上花列传》，上海书店出版社，1993，第 166 页。
⑨ 韩邦庆：《海上花列传》，上海书店出版社，1993，第 176 页。
⑩ 韩邦庆：《海上花列传》，上海书店出版社，1993，第 179 页。
⑪ （清）张应昌编选《国朝诗铎》，清同治八年永康应氏秀藏堂刻本，第 1092 页。
⑫ （明）黄洪宪：《碧山学士集》（25 卷），明万历刻本，第 293 页。
⑬ （清）陈延恩等修《道光江阴县志（28 卷）》，清道光二十年刊本，第 419 页。

方伯之圆通寺，当夜更有念七佛者宣卷者不一而足"①，等等。迎神赛会、庙会打醮中的宣卷更为常见。"凡迎神赛会，夜聚晓散，并宣卷诸妖邪悉投畀有北，以遏乱萌"②；"杭城自八月以来各处盛设兰盆盛会以祀孤魂""或集老媪以诵经，或招村儒以宣卷"③；"每岁兴会事建醮坛，其名目繁多，不胜校举，醮则有所谓火醮者，有所谓平安醮者，而念佛宣卷之声等诸家弦户诵经"④。宣卷在神圣性公共空间的传播不仅与百姓的信仰需要相关，也是百姓娱乐生活的体现。

二 晚清民国时期江南宣卷的传播方式

晚清民国时期，苏南一带传统的宣卷依旧盛行，报刊、唱片、无线电广播等现代传媒的出现不仅没有削弱百姓对宣卷的喜爱，江南宣卷甚至借助现代媒体在传播空间、传播方式上实现了新的突破。

近代报刊首先成为江南宣卷发展的重要平台。宣卷讲唱的底本被称为"宝卷"，过去有手抄，也有印刷出版。1920 年前后，一批致力于民间歌谣等搜集的文人将宝卷整理刊登到报纸上，使普通民众了解宝卷不再仅仅局限于仪式中的听觉参与，打开报刊，识字阅读即可完成。很显然，报刊对宝卷的传播无论是从发行量、受众面，还是成本上均是手抄或传统印刷无可比拟的。由于宝卷深受喜爱，报刊中出现了大量时人编撰的新的宝卷文本。文本内容多针砭时弊、插科打诨、玩世讽俗，供人消遣。大量反映市井生活、时事新闻的"俗事"被编成宝卷，通过报刊得以传播。《文明宣卷告化》⑤ 从神情相貌、家庭营生等方面调侃了一位穷苦人毕生的落魄境遇。《淌白宝卷》⑥ 从外貌举止、吃穿用度方面描写了一位淌白臭寡佬的窘迫。江荣华的《告化宣卷》⑦ 刻画的是强盗小贼的形象。后一篇《告化宣卷》⑧ 描述的则是乞丐生活。《茶馆滑稽宣卷》⑨ 描写了时局动荡、茶馆生意惨淡的情景。阿土的《新宣卷》⑩ 揭露了史姓朋友因工触电身亡留下妻母，电厂不愿支付抚恤金的事件。《小宣卷·"三克党"》⑪ 紧跟社会新潮，调侃了一

---

① 《武林琐述》，《申报》1894 年 06 月 08 日，第 7589 期，第 2 版。

② 赣州地区志编纂委员会办公室编《赣州府志》（重印本下册），赣州地区志编纂委员会办公室，1986，第 2060 页。

③ 《盂兰盆会》，《申报》1881 年 10 月 20 日，第 3043 期，第 2 版。

④ 《移会费以助赈款说》，《申报》1883 年 8 月 26 日，第 3725 期，第 1 版。

⑤ 《文明宣卷告化》，《中报》1925 年 5 月 27 日（苏州图书馆藏）。

⑥ 《淌白宝卷》，《中报》1925 年 11 月 12 日（苏州图书馆藏）。

⑦ 《告化宣卷》，《中报》1928 年 9 月 10 日（苏州档案馆藏）。

⑧ 《告化宣卷》，《中报》1928 年 10 月 21 日（苏州档案馆藏）。

⑨ 《茶馆滑稽宣卷》，《中报》1928 年 7 月 21 日，第 2 版（苏州图书馆藏）。

⑩ 《新宣卷》，《中报》1926 年 4 月 11 日（苏州图书馆藏）。

⑪ 《小宣卷·"三克党"》，《苏州晚报》1925 年 8 月 12 日（苏州档案馆藏）。

位朋友购买劣质眼镜、抽廉价雪茄、专吃白食仍要效仿上海"三克党"① 引领的生活风尚。《改良宣卷十个字》② 之"颂清唐大官"写的则是新兴社会群体洋行买办的时尚生活。《太平洋会议新宣卷》③《联军占领徐州》④ 则是反映时局动荡的切题之作。由此，宝卷已不仅作为宣卷的底本来完成其信仰教化娱乐的功能，其本身也独立成为传播时事、娱乐教化的体裁。

报刊对于宣卷传播的另一重要功能是发布广告。从民国时期流传于苏州、上海的主要报刊来看，宣卷广告投放者多元：一般为宣卷艺人、班社直接投放，或在游艺场（宣卷是游艺场的重要表演活动）投放。由此也可以看出该时期宣卷业的繁盛。宣卷广告主要内容是以告知宣卷艺人、表演规格、堂会价钱、联系方式等基本信息为主，内容精简直白，形式固定单一。如 1926 年一则名为《新新社迁移申明》的广告频繁见诸《申报》。在 1～3 月，乃至更长时间内其内容基本均为：

滑稽宣卷，陆啸梧，改良唱春。

本社承接喜庆堂会，滑稽新戏，廿四元八倘演全本，如用布景另议，如蒙相邀无任欢迎，接洽处英大马路巡捕房间壁德裕里念七号，电话中央四二四九号。⑤

到同年 8 月再见时，广告略有变化：

男女合演，滑稽宣卷，陆啸梧，改良唱春。

全新绣花器具特别电灯戏台。

本社承接喜庆堂会，滑稽新戏，念四元八倘演全本，如用布景另议，如蒙相邀无任欢迎，接洽处南京路巡捕房间壁德裕里念七号，电话中央四二四九号。⑥

事实上，该广告前后也仅在表演的设备、价格上做了调整，随后又是不断地复制刊登⑦。《新世界》⑧《大世界》⑨ 等由游艺场投放的广告在内容上也如上述特征。这种精简直白、易懂易记的广告词高频次反复出现，无疑对宣卷起到了广而告之、深入人心的作用。

1915 年前后经常见诸《申报》的还有来自"民鸣社"的广告。其内容除去直截了当地进行

---

① 饭牛在《红杂志》1922 年第 3 期上写《海上打油诗》记录当时的社会时尚："海上少年盛行目上戴托力克镜，手中携司的克棒，嘴里衔茄立克香烟谓之'三克党'。"
② 《改良宣卷十个字》，《吴语》1921 年 10 月 17 日，第 2 版（苏州图书馆藏）。
③ 《太平洋会议新宣卷》，《吴语》1921 年 10 月 28 日，第 2 版（苏州图书馆藏）。
④ 《联军占领徐州》，《申报》1925 年 11 月 10 日（苏州图书馆藏）。
⑤ 《广告·新新社迁移声明》，《申报》1926 年 1 月 7 日，第 18987 期。
⑥ 《广告·男女合演滑稽宣卷改良唱春陆啸梧》，《申报》1926 年 8 月 19 日，第 19204 期。
⑦ 如，同年 12 月 2 日的此广告内容仍为：男女合演，滑稽宣卷，陆啸梧，改良唱春。全新绣花器具特别电灯戏台。本社承接喜庆堂会，滑稽新戏，念四元八倘演全本，如用布景另议，如蒙相邀无任欢迎，接洽处南京路巡捕房间壁德裕里念七号，电话中央四二四九号。（《申报》1926 年 12 月 2 日）。
⑧ 如《申报》1915 年 12 月 16 日，第 15392 期，第 9 版。此广告连载一月内容均相同。
⑨ 如《申报》1923 年 10 月 2 日载。

基本信息呈现之外，更增加了不少引导消费的煽动性措辞："看戏无非寻快活，故欢喜看戏者莫不爱看有趣戏，剧中全堂宣卷扮得既形容尽致，令人一见哈哈笑，而宣卷之词句，尤滑稽之至有趣之至，开宣卷未有之奇闻，听之必然大笑特笑，笑不可仰。至于是剧情节，源出道书中含哲理，不知者以为间有涉及迷信，殊不知此乃破除迷信之根本解决，实是一出至玄奥、至精微之哲学戏，不但以嘻嘻哈哈之宣卷见长，幸观者勿以等闲视之。"① 这则广告在内容上的变化不仅增加了广告的趣味性、可读性，还有引导消费的作用。倘若上文中《新新社迁移申明》的广告反映的是顾客需要可来咨询的被动性的广告基调，那么，"民鸣社"的广告已经达到了更高的境界，即创造顾客的宣卷需要，刺激消费。就此来看，宣卷的报刊广告已经将宣卷业的发展从被动的"守势"向主动的"攻势"推进。这种主动推介式的、创造宣卷消费、引领宣卷消费的广告形式，随着报刊跨地域、跨人群的传递特征，使宣卷的发展出现了新的局面。

通过发行唱片扩大宣卷影响，也是晚清民国时期宣卷传播的新动向。1921 年 4~5 月《申报》登载了《说戏片》上、下两篇文章，其中写道"予又见猎心喜，乃购百代之机，备片四打，内如谭汪刘王贵双金杨朱陈姜袭李等唱片，以及滩簧小曲、宣卷大鼓、军乐口技等应有尽有"②。又云："大嫖院郑少庚之文明宣卷俱不恶。"③《百代公司新出两大明星的是爱听戏曲的好消息》的报道称："百代公司，各埠经售处均有出售，如函索样本当即寄奉。注意：均是双面并不加价，附送脚本"，其中提及"史鉴渊，文明宣卷，头二段一张"④。《志哭笑新唱片》也写到"刘春山盛呆呆合唱之滑稽宣卷，学时髦两片，几无一句不使人发噱"⑤。不论是对新出唱片的广告宣传，还是对唱片的体验评鉴，都呈现出宣卷正通过现代大众传媒的唱片、唱机被民众消费的事实。事实上，唱片的传播不仅"新鲜"，也很"新潮"。《说戏片（上）》中写道"年来百代新片送出""每日销至千数，诚可惊也。"⑥《百代公司新出两大明星的是爱听戏曲的好消息》也写道"百代公司，各埠经售处均有出售。"⑦《志哭笑新唱片》中也有"百代唱机公司，创设有年。所出唱片，计数千种，靡不风行各处。"⑧ 不论是"各埠经售处均有出售"，还是"每日销至千数"，尤其是"计数千种，靡不风行各处"都反映出唱片广受追捧、时尚新潮。宣卷唱片在总唱片中所占份额虽然不易统计，但仅从唱片媒介本身流行时尚的属性也足以看出其对宣卷发展的新

① 《民鸣社》，《申报》1915 年 12 月 17 日，第 15393 期，第 12 版。
② 《说戏片（上）》，《申报》1921 年 4 月 25 日，第 17302 期，第 14 版。
③ 《说戏片（下）》，《申报》1921 年 4 月 27 日，第 17304 期，第 14 版。
④ 《百代公司新出两大明星的是爱听戏曲的好消息》，《申报》1922 年 4 月 26 日，第 17661 期。
⑤ 《志哭笑新唱片》，《申报》1929 年 9 月 28 日，第 20302 期，第 22 版。
⑥ 兰陵笑笑生：《金瓶梅词话重校本》四，梦梅馆，1993，第 1303 页。
⑦ 西周生：《醒世姻缘传》，岳麓书社，2004，第 505 页。
⑧ 《苏台杂志》，《申报》1882 年 11 月 10 日，第 3423 期，第 2 版。

指向"。

　　无线电传入中国的时间较留声机、唱片略晚，然而它对民间艺术传播的推动力绝不会小于前者。由于唱片的使用必须配置相应的唱机，在当时可以购置得起留声机的家庭尚是少数；同时，无线电台为了节省成本，也常以现成的唱片作为广播内容，所以从此角度来看，无线电广播也是唱片推进宣卷发展的重要助力。就广播本身来看，民国时期各类广播节目预告及报道证实了宣卷已是无线广播电台的常客。从《开洛无线电今日播送宣卷》[①]，《商场消息二》[②] 刊登的开洛公司的播音节目单，《更动节目》[③] 呈现的播音节目预报，《孤岛的播音潮》[④]，《大陆电台播音救难的素描》[⑤] 等中均可发觉宣卷正通过无线电广播被传至声波所到之处。

　　更重要的是，20 世纪 30 年代之后，无线电台已经成为关乎宣卷等民俗艺术生存与发展的重要平台。1936 年 6 月底，上海电报局发出限制广播节目播放时间的通告，就引发了游艺界声势浩大的抗争。是年 7 月 2 日，《申报》刊登了《电报局对广播电台取缔无益节目，增加稽查员积极管理》的通告，其中规定："此次审查结果认为不合格者颇多，但该局择情节较轻者予以时间上之限制，亦为改进广播事业中之必要步骤。计被限制者有申曲、滑稽苏滩、四明文书、四明南词、小曲、清曲、淮戏、各派宣卷。以上各节目包括唱片在内，各电台每天播送不得超过三小时，而每天下午七时至十时为市民公余么暇，均不得在此时间内传播。"[⑥] 针对此条限令，宁波旅沪同乡会随即发函与上海电报局沟通争取宽限。7 月 9 日，《申报》刊载了宁波同乡会对四明南词播放时间的争取函状："同乡等以弹唱及播送四明南词供人娱乐为生历有年所"；"吾业旅沪者五十余人迄因市面影响营业锐减，正赖播音以资补救，今忽奉令限制，且于十八时至二十二时不准播送，顾客方面以时间不佳不愿继续播送，营业前途大有关碍，想请据理交涉致函电报局撤销限制、以维营业。"[⑦] 面对同乡会各方面的争取，上海电报局做出了同意宽限的决定，7 月 16 日，《申报》刊登《四明南词等十项节目宽放播唱时间》称："当经该局考量给以上十种节目准予普遍宽放一小时。"[⑧] 是年 11 月，该事件又有了新动向：上海电报局未按照先前承诺予以落实，反而变本加厉予以限制。11 月 9 日，《申报》对该事件进行了跟踪报道，名为《电报局限制十种游艺播音后，游艺界群起反对》。此时，全市各游艺界人士、机构均已联合加入到了这场抗

---

① 《开洛无线电今日播送宣卷》，《申报》1925 年 12 月 13 日，第 18963 期，第 20 版。
② 《商场消息二》，《申报》1928 年 6 月 30 日，第 19859 期，第 25 版。
③ 《更动节目》，《申报》1935 年 6 月 17 日，第 22321 期，第 21 版。
④ 《孤岛的播音潮》，《申报》1938 年 12 月 30 日，第 23289 期，第 15 版。
⑤ 《大陆电台播音救难的素描》，《申报》1936 年 12 月 28 日，第 23287 期，第 15 版。
⑥ 《电报局对广播电台取缔无益节目，增加稽查员积极管理》，《申报》1936 年 7 月 2 日，第 22690 期，第 15 版。
⑦ 《电台取缔四明南词后，甬同乡会请撤销限制》，《申报》1936 年 7 月 9 日，第 22697 期，第 15 版。
⑧ 《四明南词等十项节目宽放播唱时间》，《申报》1936 年 7 月 16 日，第 22704 期，第 15 版。

争之中。这场与官方取缔广播时限的斗争，表面上是从播音时间的争取，事实上是利益之战、生存之战。播音的时长、时段，不仅关乎民俗艺术的日常盈利，更威胁其生存发展。在长期以来"民不与官斗"的观念影响下，民间艺人敢携手与"官"争斗，不仅是时代进步的作用，更是生存与利益胁迫下的奋勇之举。

三　宣卷与现代社会生活

晚清民国时期，随着江南社会巨大的人口流动，常流行于乡野的宣卷表演被人流带入了上海、苏州等缤纷绚丽的大都市当中。意外的是，乡土气味十足的江南宣卷不仅没有被现代化的都市生活所碾压，反而在娱乐场等新的公共世俗空间中站住了脚跟、赢得了天地。都市现代化的社会机制也以包容的姿态为宣卷的现代变迁提供了崭新的土壤。

毫无疑问，晚清民国时期的上海、苏州是当时现代化颇高的大都市。以上海为例，不论是从周边地区急速涌进的人流，还是金融、商贸、娱乐等高速发展的第三产业，或是不断向周边扩张的城市边界，都印证着上海急速的现代化发展。其中迅猛崛起的都市娱乐文化与江南宣卷等民俗艺术紧密相关。该时期苏沪一带涌现出了各式灯红酒绿的西式娱乐场所。有趣的是，这些"摩登"的现代大众娱乐场所并未排斥传统的民俗艺术。相反，拥有庞大"粉丝"基础的评弹、宣卷等地方民俗艺术竟登上了此类大舞台，并成为热捧项目。《绣云天昨已开幕》中写道"西七间为说书及文明宣卷之所"[①]，《永安公司屋顶花园开幕》道"场中游戏有改良滩簧、文明宣卷、天津大鼓及木滩幻术等种种"[②]，《苏台杂志》也写道"北街之拙政园兴与慕家花园之遂园均于新年中开幕，内中设有双簧、说书、魔术、戏法、宣卷等种种游戏以号召游客"[③]。《欲振兴马路非建筑游戏场不可（二续）》写的是"而说书也、女子新剧也、魔术也，影戏也，开口笑也，大鼓书、文明宣卷、改良滩簧亦不妨点缀一二，俾游戏场之名实相符。"[④]《顾曲偶谈》也写道"顾咏梅钱凤池女子宣卷献艺於大世界颇久。"[⑤]《苏州·苏垣之游戏场》更有"园中陈设各种灯彩，并聘请弹词家、弹唱小说及文明宣卷，藉以庆赏佳节"[⑥]。

此外，宣卷还出现在了俱乐部、同学会、国庆庆典等"很都市""很现代"的娱乐聚会场合当中。《各团体消息·远东机器脚踏车聚餐会》中写道"前晚远东机器脚踏车俱乐部在都益处开

---

① 《绣云天昨已开幕》，《申报》1916 年 11 月 5 日，第 15710 期，第 11 版。

② 《永安公司屋顶花园开幕》，《申报》1918 年 9 月 10 日，第 16368 期，第 11 版。

③ 《苏台杂志》，《申报》1920 年 3 月 8 日，第 16897 期，第 14 版。

④ 《欲振兴马路非建筑游戏场不可（二续）》，《吴语》1918 年 3 月 23 日，第 511 号（苏州档案馆藏）。

⑤ 《顾曲偶谈》，《申报》1924 年 12 月 3 日，第 18596 期，第 16 版。

⑥ 《苏州·苏垣之游戏场》，《申报》1918 年 9 月 20 日，第 16378 期，第 7 版。

聚餐大会""余兴为王旡能独角戏、吴梦笑滑稽剧宣卷等"①。《商大已巳级游艺会》也有"商科大学已巳级於上礼拜五夕开游艺大会""辞毕，奏国乐欢乐歌，极抑扬之致，其次为……时事宣卷（吴鸿绶）"②。在"很现代"的国庆狂欢中也出现了宣卷的身影。《嘉兴三日中之国庆观》中写道"除京秦滩簧照常演唱外，复杂以大鼓、宣卷等。"③《国庆纪念盛况续志》的消息中写了各单位国庆表演顺序"华英公学学生服务团特於九日晚预祝国庆"，其中第五项就为"滑稽宣卷"④。由此来看，现代化的、都市的生活风尚不仅不排挤依托于农耕生活的民俗艺术，还提供给了宣卷等足够的发展空间。

宣卷与高雅的新剧、舞台剧的融合也让人意外。《记笑舞台之"歇浦潮"》的剧评中写道"方卫女病笃时，乃有怨恨之宣卷、邻舍之结婚及睡中之幻梦穿插之佳，莫妙於此"⑤。《谭笑舞台之两剧》剧评又写道"冶儿之梅芝璜，扮小叫花，无能之杭州老客串及宣卷等本最受观众欢迎者"⑥。《游艺丛刊·记曙光社之新剧》也评述道"是剧中""宣卷腔调新颖词句滑稽，台下之观众莫不狂笑，其余配角亦均称职"⑦。在这里，"乡土气"的宣卷与"文雅""现代""都市"的新剧、舞台剧结合，由此也证实了现代都市生活对民俗艺术的包容与悦纳。

如果说都市的娱乐文化产业为江南宣卷的传播发展提供了全新的平台与机会，那么都市现代的社会机制则为宣卷的发展提供了崭新的土壤。应势而生的宣卷行业组织、游艺类社团就是宣卷与现代社会融合的产物。这些组织、游艺社团对内发挥着行业规范、日常管理等作用，对外则充当着行业维权、社交公关等重要角色。关于苏州城的宣卷行业组织，桑毓喜就曾对其机构设置、创设宗旨、经费运营等进行过介绍，他写道："首届会长及其董事会成员有缪君甫、袁小亭、马炳卿、沈月英、张祥生等五人，下设书记、会计、干事等属员，均由宣卷艺人兼任。以保障同业的权益为宗旨，专为会员们谋取福利、调解纠纷等事。"又云："其日常经费，除习艺者交纳注册费、入会费外，平时每堂生意须由'承行'交纳十分之一的会费。"颇体现人文关怀的是，"宣卷艺人贫困者，冬季可去公所⑧领取棉衣和食米，如死后无钱棺殓时，其亲属也可获得一笔丧葬费"⑨。车锡伦也曾写道："公所对宣卷艺人收徒、演出形式也作出规定。"而且"公所规定

---

① 《各团体消息·远东机器脚踏车聚餐会》，《申报》1926 年 12 月 4 日，第 19311 期，第 19 版。
② 《商大已巳级游艺会》，《申报》1927 年 1 月 3 日，第 19340 期，第 21 版。
③ 《嘉兴三日中之国庆观》，《申报》1916 年 10 月 14 日，第 15688 期，第 7 版。
④ 《国庆纪念盛况续志》，《申报》1922 年 10 月 12 日，第 17830 期，第 13 版。
⑤ 《记笑舞台之"歇浦潮"》，《申报》1923 年 12 月 15 日，第 18250 期，第 18 版。
⑥ 《谭笑舞台之两剧》，《申报》1924 年 3 月 1 日，第 18319 期，第 20 版。
⑦ 《游艺丛刊·记曙光社之新剧》，《申报》1925 年 3 月 16 日，第 18691 期，第 7 版。
⑧ 桑毓喜在《苏州宣卷考略》中称："苏州宣卷的同业组织，名为'宣扬公所'，后亦称'宣扬社'"。故，此处及下文中的"公所"均指的是宣卷的同业组织。
⑨ 桑毓喜：《苏州宣卷考略》，《艺术百家》1992 年第 3 期，第 125 页。

行业祖师为'斗姆菩萨'，每年农历六月二十日斗姆生日，在宣扬社公所祭祀①。

就史料文献来看，也有诸多宣卷业组织规范管理、经营维权的记录。《宣卷业会议加资》②《宣卷业讨论加价》③ 反映的是宣扬社商议涨价的内容，其言道："本城宣卷业，迩以市价日渐增长，铜元兑价，又涨至每元换一千九百数十枚。且所入均属钱码，收支之数，当然不能适合。为维持生计起见，不得不提议改良方法，改用洋码，或於原定钱码上，再加二百文。嗣以提议者意旨纷歧，又非出於全体，拟先召集城厢内外同业，於茶会上先开一非正式之会议，俟参核各人意旨，再行定期召集，取决进行方法"。《沪南宣卷业来函》就道教协会的发文《请禁念宣卷者混用道服法器》④ 做出了回应，其称"今日报载高少花串同潘瞎子张正明，详星解厄骗取金钱，违犯教规一节。敝业众友集议质问高少花。高云自幼从南汇张竹林为师，向业道教。因敝业名誉攸关，请贵教调查声明，以凭核实，恳请登入来函栏内为荷"。⑤ 此例一方面反映了行业组织对成员的监管，另一方面也体现出其对行业形象的公关维护。上文中写到宣卷等民间艺人与上海电报局之间就播音时间引发了长期的利益纷争。各游艺组织与社团在捍卫权利的斗争中起到了领导指挥的关键性作用。这反映的正是行业组织、社团机构对民俗艺术正当权益的维护。综上可见，现代的社会机制并没有将宣卷排挤于荒野，它为宣卷的进一步发展也提供了充分的便利与推力。

约翰·费斯克说，在现代文化空间中，只有大众文化是"我们的"，民间文化则是"他们的"，有着一种原初的陌生性，"郊区家室中'农民的'篮子或是'土产的'陶器，总带着某些异国情调。"⑥ 这其实就是说，民间文化与现代文化是不兼容的。然而，我们考察了民国时期宣卷传播发展状况之后，发现民俗艺术不仅与现代大众传媒是兼容的，而且也可以无缝嵌入现代社会、现代文化之中。

四 结语

时至今日，江南宣卷虽已作为一种"非物质文化遗产"得到了保护，但大多传承乏人、受众萎缩。其实不单是江南宣卷，几乎所有民俗艺术都面临着这样的问题。面对这样的现实，人们很容易得出结论，认为民俗艺术是老奶奶时代的"祖母艺术"，与现代性是相悖的，现代化、工业化、城市化等社会变革使得依附于农耕文明的民俗艺术失去了固有的生存土壤，进而面临巨大

---

① 车锡伦：《中国宝卷研究》，广西师范大学出版社，2009，第 213 页。
② 《苏州》，《申报》1924 年 2 月 18 日，第 18307 期，第 12 版。
③ 《苏州》，《申报》1924 年 7 月 7 日，第 18447 期，第 12 版。
④ 《请禁念宣卷者混用道服法器》，《申报》1919 年 10 月 1 日，第 16746 期，第 11 版。
⑤ 《沪南宣卷业来函》，《申报》1919 年 10 月 2 日，第 16747 期，第 11 版。
⑥ 约翰·费斯克：《理解大众文化》，王晓珏、宋伟杰译，中央编译出版社，2011，第 179 页。

的生存困境。诚然，民俗艺术来自日常生活，而且未曾从日常生活中分化出来，就此而言，社会生活发生了变化，民俗艺术必然随之而变。尤其是当前现代社会走向现代社会之际，必然会有大量民俗艺术随着社会土壤的改变而消失。然而，我们考察江南宣卷这种比较典型的民俗艺术在民国年间的现代遭遇时却发现，宣卷艺人与民众都很自然地接受了现代大众传媒下的宣卷，他们既没有刻意去书写现代社会与前现代社会之间的巨大差异，也没有觉得大众传媒、摩登娱乐中的传统民俗艺术有不合时宜的"土气"。同时，大都市中现代性的社会机制也没有将来自乡野的宣卷排挤于郊野，而是对它的发展表现出极强的包容与推动作用。这意味着扎根于前现代社会的民俗艺术与现代社会并非本然就是对立的，二者之间的界限很可能是现代性理论"制造"出来的。

The modern change of the spreading way of the publicity volume in the south of the Yangtze River

Shi Hui，*Ji Zhongyang*

Abstract：Folk art comes from daily life, and has not been separated from daily life. In this sense, social life has changed and folk art will inevitably change. Especially when modern society moves to modern society, a lot of folk art will disappear with the change of social soil. However, when we examine the modern encounter of declaration volume which is a relatively typical folk art in the south of the Yangtze River during the period of the Republic of China, we find that the artists and the people naturally accepted the propaganda by the modern mass media. It does not seem to care about the great difference between modern and pre-modern society, nor does it seem that in the age of mass media, the traditional Folk art does not appear to be suitable for the different "local atmosphere". This means that the folk art rooted in the pre-modern society is not opposed to the modern society, and the boundary between the two is probably "made" by the modernity theory.

Key words：Folk art, modernity, Declaration volume, Mass culture

《嘉陵江日报》与抗战文艺宣传

————朱寿桐*

摘　要：《嘉陵江日报》是研究北碚地区历史发展的重要地方文献，同时也是研究巴渝地区乃至陪都抗战文学文化的重要原始材料。本文探讨《嘉陵江日报》在战时作为主流抗战媒体的文化角色及其作用，展示战时陪都文化生活生气以及巴渝地区抗战民俗文学主打样式。

关键词：《嘉陵江日报》　抗战文艺宣传　抗战文学文化

《嘉陵江日报》由卢作孚先生 1928 年在重庆北碚创办，初名《嘉陵江》，为三日刊，后改双日刊。1931 年元旦改为日刊，并易名为《嘉陵江日报》，1948 年 9 月 1 日改为《北碚日报》。该报不仅是研究北碚地区历史发展的重要地方文献，也是研究巴渝地区乃至陪都抗战文学文化的重要原始材料。

一　战乱时代："乱"象的抗战宣传

作为一个地方性的小报，《嘉陵江日报》本来是服务地方、发布地方信息的媒体。但抗日战争的烈火燃烧到全国主要地区，特别是重庆成为陪都以后，这张小报毅然充任了主流抗战媒体的角色，不仅积极投身到抗战的宣传鼓动之中，而且还在文化生活方面承担起了陪都主要文化平台的责任。

从 1938 年的《嘉陵江日报》来分析，它的许多新闻，甚至不少连载作品，都转载别的报纸，如 3 月 14 日刊载的石燕《陇海线巡礼》，便是转载了 13 日《新蜀报》的报道，这样的转载还连续进行，以至到 23 日还能看到。在那个战乱年代，一个媒体转载别的媒体的材料，依然能够满足战时信息传播和文化共享的社会要求，这与和平年代媒体间的互相传抄绝不能同日而语。

* 朱寿桐，文学博士，澳门大学中国历史文化中心主任，澳门大学人文学院教授，主要研究中国现当代文学。

从这个报纸的相关报道中，人们能够清晰地感受到战乱时代文化生活的某种乱象。例如1938 年6 月2 日，《嘉陵江日报》有《今日端午节　本区禁划龙船　抗战期间节省消耗》的重要报道，可6 月3 日该报却有《端午节巡礼》栏目，刊载的是"黄葛树江岸赛舟"的情景。可见战乱时代文化生活各区殊异，无法统一文化政令。

重庆是袍哥势力最为集中的地区，也是各种民间社会负面现象表现最为集中的地区之一。①抗战初期，《嘉陵江日报》对此社会乱象进行批判、揭露，可谓不遗余力。特别是对抽大烟恶习的揭露和否定，成为《嘉陵江日报》的重要内容。杜重远在《狱中杂感》中曾这样描述北碚：说北碚乃重庆迁建区。1931 年以来的情形是"军人奇多"，"吻春雅室，刘记谈心处，新漂川士，皆烟室也"。这里所罗列的奇怪馆舍名称，应该都是北碚的烟馆。《嘉陵江日报》抨击这种对民族对国家对家庭对自己不负责任的堕落行为，1938 年6 月3 日的《现代园地》，刊载《漫谈禁毒》一文，呼吁"烟哥"快觉悟。这样的信息既传达了北碚和重庆地方的社会乱象，也表明了《嘉陵江日报》以动员民众为己任的时代关怀。与此同时，《嘉陵江日报》还注意从正面表彰川籍士兵，以抵御川人多抽烟的恶劣名声。1938 年6 月2 日《嘉陵江日报》副刊刊载沙阳的诗《送川军出征》："谁说四川的军队是鸦片鬼/连匪子也会向人夸说川军在宣城藤县台儿庄的勇敢"。

北碚是重庆的后花园，包括缙云山、北温泉、金刀峡等名胜风景，即便是在战火纷飞之中也难以掩藏它的惊世骇俗之美。但如何处理战争与游览之间的关系，包括《嘉陵江日报》在内的主流媒体在宣传"口径"上也还是出现了某种乱象。1938 年6 月23 ～24 日连载的《避暑胜地——温泉公园》一文，未署作者名，但是记者所写副题为："良辰美景奈何天，赏心乐事谁家院"，显然对战时游玩的现象提出了委婉的批评。不过仅仅是到了28 日，《嘉陵江日报》竟赫然刊载《林主席三游北温泉》的报道。这样的报道显然并无恶意，因为为该报题写报名的正是林森主席。4 月16 日报载《一百卅四岁老人陈元庆昨又来碚游览》，显然对这样的出游是出于善意的赞赏。

在宣传文艺方面同样呈现出某种乱象。《嘉陵江日报》在1938 年8 月12 日连载《八一三演义》序诗，但这首诗竟然夹带着小说的口吻："看官，在下为什么……"。6 月9 日《嘉陵江日报》刊载了《怎样使"火网"大众化》一文，作者署名为"铨"，该文竟然标出"国立四川中学校师范部主办"字样。它所陈述的抗战鼓动与宣传文字却是非常有力："老实说，文艺在今日已不允许它是个人灵魂的独语，而是要站在文艺岗位上，来唤醒民众，参加抗敌救亡的阵线；同时光喊口号是不够的，狂风暴雨的十字街头，我们要解除民众心头的难题，加强抗战必胜的信

---

① 参见陈文明《重庆旧闻录1937 ～1945：帮会秘事》，重庆出版社，2016。

念，做一个黑暗中的灯塔，这是我们火网应当负起的使命。"①

　　然而，6 月 14 日从 6 月 12 日《新蜀报》转载的何鲁所著的《原德》文言文，却老气横秋，酸楚不堪："吾国道家，恒称道与德，然为两事，皆含义至深，非世俗之所谓道德也。"这种不合时宜的议论与语体，却占用了抗战宣传报纸的重要篇幅。

二　副刊文化：战时的文化生气

　　战争动员与宣传离不开文艺。《嘉陵江日报》积极开拓副刊和特刊，展开抗战文艺宣传，体现了战时陪都文化生活的某种生气。

　　战时的《嘉陵江日报》通过刊载巴渝地区的游记作品体现自己的地方特色。1938 年 3 月 17 日刊载卢子英《旅蓉回忆记》，3 月 15 日和 17 日刊载中典的《旅渝纪程》，便是这一文类的代表。

　　彼时的《嘉陵江日报》副刊有《嘉陵副刊》和《现代园地》，有意思的是，这两个副刊都处在一个版位，两版内容可以连通。前述《旅渝纪程》一文，从 3 月 15 日一直连载到 3 月 23 日，15 日刊载于《现代园地》，而 17 日则续载于《嘉陵副刊》，此后便是交替连载于副刊版面。显然，编者原本倾向于以《现代园地》作为副刊，这应该与 20 世纪 30 年代重"现代"的社会文化风气相吻合，但因为抗战报纸顾及旧瓶装新酒，需要登载旧体诗词，故而另设《嘉陵副刊》以包容《临江仙》等旧体诗词，这样的内容当然不便称为《现代园地》。

　　当然，作为一个陪都媒体，《嘉陵江日报》也同样刊载外地作者怀念故乡的游忆之作，通过故国之思激发抗战热情。副刊刊载过的陈悦伦的《忆故乡——洋河》可谓代表，这是一部在战时很难读到的情文并茂、感人至深的散文佳作。

　　值得注意的是，《嘉陵江日报》旗帜鲜明地宣传中国共产党边区，1938 年 3 月 27 日刊载《特区底文化事业》一文，这篇由《国难三日刊》转载而来的文章这样详尽地介绍边区的文艺工作：

　　"特区的文化事业是被政府向人民以最大的热心同谨慎来培植着，每一个部门都是正常健全，繁荣滋长，不过因为那里十分穷困，故不免在形式上表现出贫弱和简陋，比不上上海自不待言，就是四川的二三等县份恐怕都不如，因此许多人是失望了，同时又有很多不知道那里情形的人，却又以为很好，如像苏联一样……文化组织……边区文化界救亡协会，去年十一月十三号在陕北公学成立，发起人是艾思奇、何干之、成仿吾、董纯才、周扬等，……"

---

　　① 《怎样使"火网"大众化》，《嘉陵江日报》1938 年 6 月 9 日。

这样的宣传带着满腔热忱，还传达了国统区将中国共产党边区称为"特区"的重要历史信息。

文艺副刊特别注重问题的多样性，以适应不同喜好读者的阅读口味，但一般都注重通俗化。1938 年 6 月 30 日刊载的唐贤龙的《保卫马当》，注明是"朗诵诗"，虽然该诗的朗诵性并不很强。8 月 4 日至 8 月 11 日，经过篇幅压缩了的《嘉陵江日报》副刊刊载了别具一格的《抗战三字经》，有时又标作《抗敌三字经》，可见当时这两个词是可以互换的热词。《抗战三字经》以极其通俗的语句表现了日本的国情以及受我国文化熏陶之恩的历史："三个岛，小又小，火山多，出产少，到中国，学乖巧，把文化，偷起跑……"另外还刊载《十二月》（小调）、《抗战儿歌》等，1938 年 3 月 31 日的《抗战儿歌》还分两段：一段是日本鬼子赶出去；另一段是我是中国人。

1938 年 8 月中旬连载《七七抗战建国纪念》《八一三》等战时报告文学，下旬则刊载《最后胜利是我们的》《死尸打胜仗》等作品，而这些作品多为金钱板词。

三　金钱板：巴渝地区抗战民俗文学的主打样式

由重庆出版社出版的《中国抗日战争时期大后方文学书系》，是抗战文学研究资料的集成性丛书，其中的第九编《通俗文学》卷，乃为民间文学泰斗钟敬文先生主编，其权威性更自不待言。然而，这一卷未能突出金钱板词的地位和影响力。其实，从《嘉陵江日报》副刊可知，金钱板词是巴渝地区抗战民俗文学的主要体裁。显然，出于在地宣传的需要，越是当地老百姓喜闻乐见的艺术形式越容易成为主要的艺术形式。金钱板正是如此。

金钱板是巴蜀地区最具代表性的民间曲艺。它实际上是一种快板，不过在表演的时候需打击一种由金钱（铜钱）与竹板合成的响器作为节拍，往往用三块厚厚的竹板，长约一尺，宽一寸，左手拿一块用作打板，右手拿两块乃为面板，金钱串在右板，发出更加锐利铜铮的响声。金钱板在民间表演时常常贯穿着幽默搞笑的内容，其板词多来自民间艺人，整体文化水平不高，但为老百姓所喜闻乐见。

抗战开始后，文人和作家加入了金钱板词的写作，使得这一民间艺术水平得到了总体提升。经过报纸刊载的金钱板词既通俗易懂，朗朗上口，又表达准确，格调不俗，实在是借抗战宣传之机提升了这一民间艺术的水平，也强化了这一民间艺术的魅力。

1938 年 3 月 2 日，《嘉陵江日报》刊载有《抗敌金钱板》第三篇，板词唱道：

唱了一板又一板，

今天接唱第三编，

各处都把口号喊，

高呼口号肃清汉奸，

日本把我们华北占，

坏事完全是汉奸……

值得注意的是，文艺副刊如《现代园地》已经不能容纳那么多篇幅的金钱板词，这些作品便被移到《农民周刊》副刊上。1938 年 4 月 3 日刊载的《一二八金钱板词》，署名民众教育馆编，仍是发表在《农民周刊》。给人留下深刻印象的还有 4 月 8 日《嘉陵江日报》刊载的冯玉祥所著的《临沂大胜》：

李司令长官德邻，

雄谋远略性坚贞，

拥护中央抗日寇，

服从领袖爱国民。

守徐州，保的稳，

统大军，打的狠，

津浦南段与北段，

铜墙铁壁打不进，

敌方死伤已逾万，

两月以来力费尽，

最近敌人弄诡计，

大派倭兵攻临沂。

李先生，计谋密，

赶调张自忠部向东移，

包抄后路敌难脱，

杀死倭寇一万多；

出其不意获大胜，

强盗凶征已大挫，

溃散之敌东北退，

我军奋勇向前进，

官兵个个不怕死，

统帅运筹功最伟，

从此全国更振奋，

定能全部歼敌人，

失地收复不在远，

德邻先生大众钦！

冯玉祥将军亲自撰写金钱板词，歌颂的是著名将领李宗仁将兵抗日的事迹，这是抗战宣传中的一道不应轻易遗忘的风景。当然，由于当时形势和视野的局限，词中包含了对"领袖"的正面评价内容。但这并不妨碍这一金钱板词具有较高的历史史料价值，同时也有一定的艺术价值；不过更重要的还在于它有文史价值：可以见证在当时的重庆，文人乃至武将写作金钱板词的热忱有多高涨。

参考文献

陈文明：《重庆旧闻录 1937～1945：帮会秘事》，重庆出版社，2016。

林默涵总主编《中国抗日战争时期大后方文学书系》，重庆出版社，1989。

钟婷婷：《论四川茶馆文化对四川金钱板的影响》，《大众文艺》2012 年第 1 期。

The literature and art propaganda in Anti-Japanese War of *Jialingjiang Daily*

Zhu Shoutong

Abstract：Jialingjiang Daily is an important local document in the study of the historical development of Beibei area and also a significant raw material for studying the Bayu area and even the literature and culture of Peidu during Anti-Japanese War. The paper discusses the cultural role and founction of Jialingjiang Daily in the propaganda of Anti-Japanese War, and shows the cultural vitality of Peidu in the period of Anti-Japanese War and the main style of folk literature of Anti-Japanese War in Bayu area.

Key words：Jialingjiang Daily, Literature and art propaganda, Literature and culture of Anti-Japanese War

征稿启事

《媒介文化研究》由广州大学新闻与传播学院和媒介文化专业委员会共同主办，是发表媒介文化与文化产业相关的前沿研究成果的专业集刊，由社会科学文献出版社公开出版。

该集刊旨在关注国内外媒介文化的前瞻性、前沿性理论与实践问题，追求正确的价值取向、开展学术对话、深化学术交流，努力促进媒介文化的发展。本集刊编辑部面向全社会征集优质学术稿件。

一、稿件征集范围为：国内外学者在媒介与文化方面的学术论文。欢迎具有学术性、前沿性、思想性的稿件，本编辑部既重视视角新颖、选题独特、积淀深厚、富有创见的理论性文章，也重视问题意识明显、社会意义巨大、深入浅出的实践性文章。

二、主要栏目：媒介文化理论、媒介与流行文化、城市文化、文化研究前沿视点、媒介与社会心理、影视文化批评等。

三、来稿以 10000～15000 字为宜，最多不超过 20000 字，独撰为佳。稿件一经录用，稿酬从优。

四、来稿除文章正文外，请附上：

（一）作者简介：姓名、所在单位、职称。

（二）中英文标题、关键词、摘要。

（三）注释、参考文献（投稿前请与《媒介文化研究》编辑部取得联系，获得相应写作编辑规范）。

五、来稿实行双向匿名评审。稿件一经出版即视为同意网络发布。

六、作者文责自负，本集刊不对侵权稿件负连带责任。

七、本征稿启事常年有效，欢迎赐稿。

编辑部地址：广东省广州大学城外环西路 230 号广州大学新闻与传播学院 611 室。邮编：510006。

联 系 人：曾丽红　徐　来

联系电话：020—39366792

电子邮箱：meijiewhyj@163.com（请注明"投稿"字样）

《媒介文化研究》编辑部

图书在版编目（CIP）数据

媒介文化研究. 2019 年. 第一辑 / 陈龙主编. -- 北京：社会科学文献出版社，2019.5
ISBN 978 - 7 - 5201 - 4749 - 1

Ⅰ.①媒…　Ⅱ.①陈…　Ⅲ.①传播媒介 - 文化研究
Ⅳ.①G206.2

中国版本图书馆 CIP 数据核字（2019）第 070981 号

媒介文化研究（2019 年第一辑）

主　　编 / 陈　龙
执行主编 / 李春雷　曾一果

出 版 人 / 谢寿光
责任编辑 / 贾立平　陈晴钰

出　　版 / 社会科学文献出版社·皮书出版分社（010）59367127
　　　　　地址：北京市北三环中路甲 29 号院华龙大厦　邮编：100029
　　　　　网址：www. ssap. com. cn
发　　行 / 市场营销中心（010）59367081　59367083
印　　装 / 三河市东方印刷有限公司

规　　格 / 开　本：787mm × 1092mm　1/16
　　　　　印　张：11.25　字　数：241 千字
版　　次 / 2019 年 5 月第 1 版　2019 年 5 月第 1 次印刷
书　　号 / ISBN 978 - 7 - 5201 - 4749 - 1
定　　价 / 79.00 元
